**JLA
図書館実践シリーズ** ·················

よい
図書館施設を
つくる

植松貞夫・冨江伸治・柳瀬寛夫 著
川島宏・中井孝幸

日本図書館協会

How to Build Best Library Facilities.
(**JLA Monograph Series for Library Practitioners; 13**)

よい図書館施設をつくる ／ 植松貞夫, 冨江伸治, 柳瀬寛夫, 川島宏, 中井孝幸著. － 東京 ： 日本図書館協会. － 125p ; 19cm. － (JLA図書館実践シリーズ ； 13) － ISBN978-4-8204-0914-4

t1. ヨイ トショカン シセツ オ ツクル a1. ウエマツ サダオ a2. トミエ シンジ a3. ヤナセ ヒロオ a4. カワシマ ヒロシ a5. ナカイ タカユキ
s1. 図書館建築 ①012

まえがき

　本書は，日本図書館協会施設委員会委員のうち，図書館建築についての教育・研究，設計を本務とする委員が執筆を担当した。施設委員会では 1980 年から図書館建築の質向上を目的とする図書館建築研修会を，これまで 31 回開催してきている。本書の編纂目的と同じ「良い図書館をいかにして建設するか」はその第 1 回のテーマであり，1983 年の第 6 回，1999 年の第 20 回，21 回，2004 年の第 26 回と繰返し取りあげてきている。それ以外の研修会でも開架フロアの各種スペース，書架やカウンターなどの家具，自動化の機械・設備，サイン計画，各種災害対策等々，本書の各章を構成する内容について個別に焦点を当てて詳細な検討や事例分析を行ってきている。

　建築研修会ではそのテーマ設定と内容の構成に当って，受講者が図書館建設におけるいわゆるハード側の人に偏ることなく，建設の発注者である図書館，教育委員会関係者に多数参加してもらえるものであることを基本としてきた。その理由は，地域のニーズと図書館とはどうあるべきかとよく知っている図書館長（職員）がいて，そのリーダーシップのもとに新しい図書館の果たすべき役割と，それに必要な施設の計画案が策定され，館長と設計者との共同作業により設計が進行し，両者の監理下に建物が造られないと役に立つ図書館は出来ないからに他ならない。

　「よい図書館施設をつくる」ためには，図書館と図書館建築を理解している図書館長・職員と設計者の両方の存在が必須要件である。本書の執筆に際しても，主な読者を図書館建築に関心を有する

図書館長および図書館員と図書館建築の設計者とに設定している。また，新館の建設など差し迫った課題をもって本書を手に取る人だけではなく，現在使用している建物が今の図書館サービスの展開に充分な性能を発揮しているかを検証したい人や，将来の計画として新しい図書館の建設あるいは既存施設の増築・改築を目論む人，初めて図書館の設計を担当する人それぞれにとって，実践的であり役立つことを意図している。

　図書館建築研修会で繰返し取りあげてきたテーマではあるが，本書の内容は，普遍的なものを踏まえた上で，建築にかかわる法・制度・基準の変化，建築技術・設備の発達や，図書館の経営・管理にかかわる考え方の動向，そして利用者の利用行動の変容など，最新の考え方，研究成果を取り入れたものとしている。しかし，図書館と図書館建築をとりまく環境の変化は急速かつ多岐に亘るから，今後読者諸氏から忌憚のないご意見・ご批判を頂戴しながら，さらに有益な内容の書に育てていきたいと考えている。

　最後に，本書執筆の機会を与えて下さった日本図書館協会出版委員会に感謝申し上げる次第である。

2010 年 3 月

執筆者代表
植松　貞夫

目次

まえがき　iii

●1章● 計画・設計の進め方とよきパートナーシップの形成 … 1

1.1　はじめに　1
1.2　図書館づくりの段階・プロセス　2
1.3　図書館の地域計画の作成　3
1.4　図書館計画書の作成　5
1.5　図書館計画書の作成組織と館長・司書の役割　9
1.6　建築設計　13
1.7　計画・設計におけるパートナーシップの形成　17

●2章● 利用動向からみた利用者の求めるサービス … 19

2.1　はじめに　19
2.2　貸出利用から館内滞在型の利用　20
2.3　利用者層ごとの利用実態　22
2.4　利用者層による利用内容の違い　25
2.5　図書館に求められるプラスアルファ機能　27
2.6　利用者をひきつける図書館サービス　30
2.7　まとめ　32

●3章● 図書館の部門構成と各部の計画 … 34

3.1　図書館の建築計画における基本的な考え方　34
3.2　既存施設の増改築・他用途施設の転用　38
3.3　構成要素の計画　40

contents

3.4 サービスポイントの配置　55
3.5 ブックポスト　57

●4章● 館内環境の計画　59

4.1 図書館家具　59
4.2 環境要素の計画　69
4.3 サインの計画　74

●5章● 図書館の維持管理, 安全性確保　77

5.1 はじめに　77
5.2 維持管理, 省エネのポイント　78
5.3 安全性確保を図る設計と運営　84
5.4 自然災害への備えと非常時の対応　90

●6章● 図書館建築の設計事例　96

6.1 はじめに　96
6.2 実際の設計現場　97
6.3 事例−1「ほんぽーと新潟市立中央図書館」　98
6.4 事例−2「日進市立図書館」　105
6.5 事例−3「あきる野市東部図書館エル」　111

事主要参考文献　117
図書館建築に関係する法律　118
索引　120
著者紹介　124

1章 計画・設計の進め方とよきパートナーシップの形成

1.1 はじめに

　図書館施設の建設ではさまざまな段階・プロセスを経る。そのうち＜計画＞段階では，まず新たに造られる図書館のサービス・運用等の内容を明確にし，図書館計画書を作成して建築への要求事項を提示する。それに続く＜設計＞は図書館計画書に記された内容を具体的な建築にまとめる。

　一般的に，建築は明確な用途を持って機能的・合理的に造られることから「機能性」という基本的要件を充たさなければならない。それはまた，安全な構造体で快適な空間であるためにさまざまな材料・設備・技術を用いる＜技術性＞によって支えられている。さらに，造形物として美しい形や景観形成に関わる＜造形性＞が問われる。建築はそれらをバランスよく充たすように設計されるが，各側面の内容や捉え方は時代によって変化・発展し，それらの用い方によって形（建築空間）は異なってくる。

　建築が造られる過程で関与する専門家は多岐にわたる。また利用者や管理者などの考えも取入れねばならない。図書館づくりの場合，図書館長（予定者）ならびに設計者が中心的な存在となるが，互いの職能と専門性を認めあった信頼関係

のなかで，よきパートナーシップをもって全体をまとめていく役割を担っている。

1.2 図書館づくりの段階・プロセス

図書館設置の検討が始まってから開館に至るまでの段階・プロセスは概ね［図］のようになる。

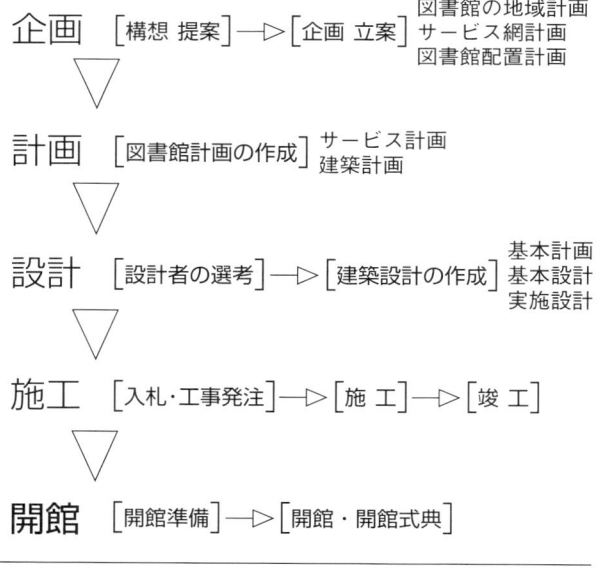

図Ⅰ-1　図書館づくりの段階・プロセス

まず，設置に向けた＜企画＞の段階では，構想・提案から企画・立案のプロセスを経て図書館の大枠の形（イメージ）が示される。この段階では奉仕対象区域全体に対する図書館サービスのあり様を示す［地域計画］を作成する必要がある。

　各館の＜計画＞は図書館の［地域計画］に位置づけられたなかで分担すべき機能や立地条件に対応して計画を進め，順次内容を詳細に定めて，最終的に［図書館計画書］としてまとめる。

　＜設計＞は図書館計画書の内容に沿って建築として具体化し，それにもとづいて＜施工（工事）＞され，竣工（完成）した建物で開館準備の後＜開館＞に至る。

1.3 図書館の地域計画の作成

　図書館の地域計画は［サービス網計画］および［図書館配置計画］からなる。

　図書館サービスの目標は「誰でも，どこからでも，どんな資料でも，利用できる」こととされている。また，サービスの内容には直接来館者に対する利用サービスから，資料の収集・提供・保存に関わる業務サービス，相互協力やネットワークによる情報入手等がある。

　図書館計画ではまず奉仕対象区域にわたるサービスの全体像を示す必要があり，それを［図書館の地域計画］と呼ぶ。このなかで全体像をシステムとして示したものを［図書館サービス網計画］とし，そのうち来館者サービスを行う図書館施設の配置計画を［図書館配置計画］と呼ぶ。

(1) 公共図書館の地域計画

　公共図書館の来館者サービスは，中央館（本館），一定の自立性を持った地域（区）館，中央館の下にある分館（室），一定の本を配置する配本所，移動図書館（BM，ブック・モビル）によってカバーされる。これらをサービス拠点と称し，効率よくサービスできるように配置システムを明確に定め，具体的施設の配置計画を示す。自治体の規模が小さかったり対象地域が狭い場合などは中央館1館でカバーできる場合もある。

　図書館の地域計画[1]の原則は以下のとおりである。
① 奉仕対象区域全域にわたりできるだけ多くの人が利用しやすいように配置する。
② サービス目標と内容すなわち住民の資料・情報に対する需要をどの程度充たすかなどの目標（貸出冊数・蔵書数・受入冊数等）の指標を設定する。目標は段階的に充実を目指した将来計画を考慮しておく。
③ 図書館等の配置は地域の特性（人口分布・年齢構成・地形や住民の生活動線など立地条件等）に対応して徒歩圏を基本として身近に利用できるようにし，特に児童や高齢者の利用に配慮する。なお，距離と利用頻度には相関関係があることや市部と町村部での誘致距離が異なること[2]，資料やサービスが充実していれば遠くからの利用が増えること，家族が土曜日・休日に一緒に来館する傾向があることなどを考慮して効率よくサービスできるようにする。

(2) 大学図書館のキャンパス内配置計画

　大学図書館は教育・研究に資する中心的施設であり，機能

上の構成として総合図書館・学習図書館・研究図書館・保存図書館の各機能からなり，機構上は中央図書館・分館（分室）・部局図書館（室）からなる。多くの中小規模の大学ではこれらを集中させて1館で構成しているが，複数の学部や大学院研究科を持つ場合あるいは複数のキャンパスからなる大学では分館や部局図書館等の複数の図書館を持つのが一般的である。

各館の配置は大学または主たるサービス対象学部等の中心部にあって登下校ルートに面しているのが理想的である。特に学部学生は大学内での一つの居場所としてや自習，待合せなど多目的に利用することが多い。

また，一般的に資料が各研究室に長期貸出の形で分置されていて，資料の全学的利用の妨げや不必要な重複本を増やしている状況が多く，資料の有効利用のための明確な図書館システムの提案が求められる場合が少なくない。

1.4 図書館計画書の作成

新しく造られる図書館の計画は図書館の地域計画で示されている位置づけに基づいて進められねばならない。各図書館は自治体や大学等の奉仕対象区域にあって適切な役割・機能を果たし全体が有機的に機能することが求められるからである。また中央館（本館）の場合，直接奉仕対象区域を越えた地域間の協力，ネットワークのなかでの位置づけも考慮しておかねばならない。

しかし，多くの自治体の場合，あらかじめ図書館の地域計画を策定していることは稀である。新図書館の計画に当たっ

てまず地域計画を作成したい。

(1) 図書館計画書の役割と位置づけ

　図書館は「資料・情報を収集し，提供，保存する」場所である。さらにコミュニティ施設としての多用な使われ方も期待される。一方，高度情報社会にあって，これまで主として紙に記録された媒体を扱ってきたものが，電子媒体によるオンラインでの情報の流通・利用への対応など課題も多い。図書館の計画では将来に向けた方針の検討から始めたい。

　図書館計画書の内容は，サービス・活動の中身を示す［サービス計画］とその器となる建築のあり様を示す［建築計画］からなる。サービス計画では，図書館で行われるサービスの目標や内容ならびに運用等について明確に提示し，建築計画では建築スペースに求められる内容（space requirements）を記し，建築設計の条件を示す。

　この計画書はまた，作成する過程で関係者が図書館に対する理解を深め，造られるべき図書館の具体像を共有するものとなる。

(2) 図書館計画書の記述内容

　図書館計画書では，図書館サービス・運用の基本的な考え方をまとめ，現状と課題を整理したうえで，図書館の地域計画などに従ってサービス水準を設定し，資料収集・利用想定・運営・組織などを示す。

　次にそれらを計画条件とした建築計画を立てる。建築計画では，必要となる各スペース等の機能・面積などを示し，設計に対する具体的な要求事項を記述する。

図書館計画書の記述例は［表Ⅰ-1］に示すとおりである。この例では図書館の地域計画も含まれた内容になっており，サービス計画と建築計画がまとめて示されている。

表Ⅰ-1 図書館計画の記述内容の例

目　　次

Ⅰ．基本的な考え方	（7）資料の構成　33
1．いま，なぜ図書館か　1	5．組織・運営の計画
2．求められている図書館サービス　2	（1）組織・運営の基本方針　36
3．図書館システム　3	（2）組織　36
（1）図書館システムの必要性　5	（3）運営　37
（2）図書館システムの形成と機能　5	6．コンピュータ化の計画　38
Ⅱ．現状と課題	（1）コンピュータ導入の基本方針　38
1．碧南市の概要　7	（2）対象とする業務内容　40
2．本市図書館のこれまでの経緯と現状　7	（3）ネットワーク形成　41
（1）経緯　7	Ⅳ．中央図書館の建築計画
（2）現状　8	1．機能　45
3．先進図書館との比較と今後の課題　9	2．蔵書収容力　46
（1）先進図書館との比較　9	3．図書館のスペースに求められる一般的原則　46
（2）今後の課題　9	4．各部の構成と面積　47
Ⅲ．図書館計画	5．スペースの相互関係　80
1．総合計画と図書館の位置づけ　13	6．面積総括表　81
2．図書館サービスの構想　13	7．建築・設備に対する要求事項　82
（1）サービスの基本方針　13	（1）建築の全体構成について　82
（2）本市のめざすもの　16	（2）建築各部の設計について　83
3．図書館網の計画	（3）設備・家具の設計と配置について　84
（1）図書館網をつくるための基本方針　17	（4）障害者への配慮について　84
（2）目標とするサービス水準の設定　18	（5）中央図書館における特記事項　85
（3）計画の方法と手順　20	8．敷地の整備と屋外スペースに対する要求事項　85
（4）図書館の配置計画　22	9．家具・備品，サインに対する要求事項　88
（5）分館の規模計画　27	（1）家具・備品　88
（6）建設の順次計画　30	（2）サイン　90
4．資料収集の計画　30	〔巻末資料〕
（1）資料計画の基本方針　30	1．「検討委員会」の設置について　92
（2）収集の方針　31	2．検討委員会（図書館関係分）の検討経過　93
（3）資料の整理　31	3．市長への返答　94
（4）資料の管理・保存　32	4．「碧南市の図書館計画・骨子-」（案）
（5）資料の更新　32	に対する検討委員会の主要意見と討議要旨　95
（6）館別・資料種別の収集計画　32	

①サービス計画
サービス計画の記述には以下のような事項が含まれる。
- 図書館の理念，基本的な認識，最近の動向
- 設置母体（自治体，大学等）の概略（奉仕対象区域や人口等）
- 当該図書館の沿革（立替更新や分館等の建設の場合）
- 計画の基本方針
- 前提となる図書館システム（図書館サービス網計画，図書館配置計画等）
- サービスの目標（貸出冊数，レファレンスサービス，館外サービス等）
- 資料に関すること（蔵書構成，配架方針，年間受入冊数，蔵書収容力等）
- 来館利用の想定（登録率，来館利用者数等）
- 運用の組織と内容・人員
- コンピュータに関すること
- 個々のサービス・運営についての特記事項

②建築計画
建築計画の記述は，サービス計画に基づいてスペースに求められる要求事項をまとめるものであり，以下のような項目が含まれる。
- 建築計画の基本事項
    敷地・構造・将来計画（増改築等）・景観構成や意匠に関する全体的な記述および特記事項
- 来館利用者の想定（人数，属性，利用特性等）
- 図書館の部門構成・スペースの構成

・部門および各スペースに対する要求事項（スペースごとに以下の内容を記述）

　スペースの名称，機能・構成・必要面積・位置，配置される資料・情報の種類と量，具体的なサービスや作業の内容，職員配置と人数，他部門（スペース）との関係，設備，閲覧机やカウンターの数と配置・その他の家具・備品，コンセント等に関すること，望ましい雰囲気等，その他必要な事項（→［表Ⅰ-2］）

　・全体的な設備・家具・備品の方針と特記事項
　・屋外スペースに関すること
　・サイン・表示の方針と特記事項
　・パーキングの容量・駐輪場の台数
　・総括表（部門別の面積・蔵書収容力・座席数等）
　・スペースの相互関連図（→［図Ⅰ-2］）

　なお，計画の進行過程でしばしば設計変更等が起こる。そのため，建築計画書は可変性を残し，必要な場合に修正が加えられるようにする。変更があった場合は順次記録しておく。

1.5 図書館計画書の作成組織と館長・司書の役割

　図書館計画書をつくるために，計画チームあるいはワーキンググループ（WG）を組織して必要な調査を行い，計画案の作成にあたる。作成組織は企画段階から準備室などとして設置するのが望ましい。

　作成された計画案は最終的に議会や理事会等での説明と審議・承認を経てオーソライズされるが，奉仕対象者への公表も欠かせない。そのため，利用者や関連団体等を代表する委

表Ⅰ-2　各スペースに対する要求事項の記述例

スペースの名称：　成人開架スペース　　　　　　1,130 ㎡

(本項末・面積算定根拠　＊1　参照)

機　能：　一般図書、参考図書を公開書架に置き、誰もが自由に取り出して、
　　　　　そこで本を読み、気軽に借り出す。

位　置：　玄関ホールから連続したスペースとし、そこから見渡せるような位置。
　　　　　青少年開架スペース、児童開架スペースとのつながりがスムースに行えること。
　　　　　中央サービスデスクから全体が見渡せる位置。

構　成：　開架書架スペース、読書スペース(ブラウジングスペースを含む)、
　　　　　新聞・雑誌コーナー(別記)、新刊本展示スペース等。

資　料：　一般図書…………100,000 冊
　　　　　参考図書…………　5,000 冊　　　　　105,000 冊収容
　　　　　複製画……………　　200 点

設　備：　高書架(6 段・複式・200 連程度)、低書架(4 段・複式・140 連程度)
　　　　　大型本書架(1,000 冊分程度)、文庫用書架(10,000 冊分程度)、
　　　　　複製画収納書架(200 点分)、地図架・地図ケース、
　　　　　新着本展示ケース、返本台(必要量は追って検討)、
　　　　　読書席(机・いす　6 人掛け×6＝36 人分)
　　　　　キャレル・デスク(机・いす　6 人分)、身体障害者用読書席(2 席分)、
　　　　　スツール(書架間等に適宜)、コンピューター端末(2 台分)、拡大読書器、
　　　　　利用複写機(コイン式)、コート掛、ベビーサークル、ピアノ

特　記：　家具の配置は圧迫感がなく館内の見通しがよいものとすること。
　　　　　資料の所在が分り易いように、また開架室空間が楽しい雰囲気と
　　　　　なるように、書架配列等に適宜変化をつけてスペースの構成を工夫すること。
　　　　　主要部分の書架間隔は芯々2,100 ㎜とし、最低でも芯々巾は 1,800 ㎜以上。

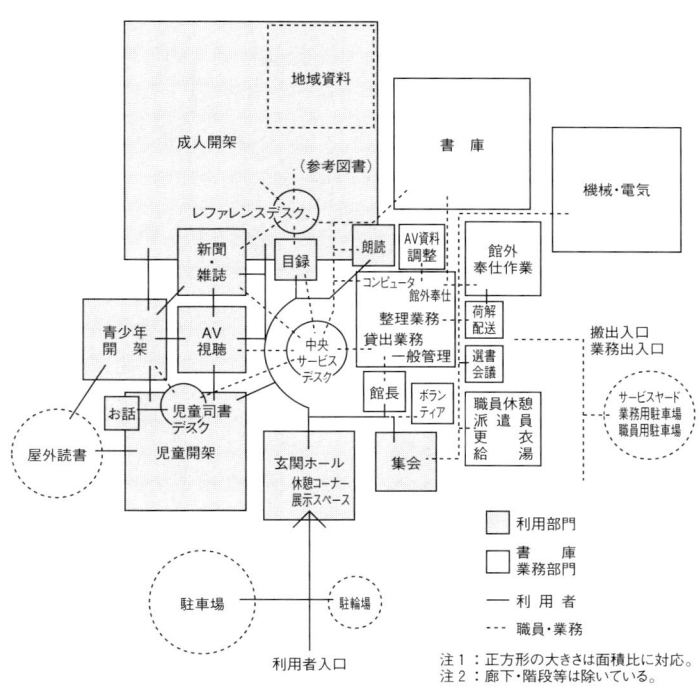

図Ⅰ-2 スペースの相互関係の示し方例

1章 計画・設計の進め方とよきパートナーシップの形成………11

員を含めた建設委員会等を組織するのが一般的である。その場合，計画チームはその委員会に属する WG に位置づけることもできる。

（1）計画チームのメンバーと作業

　計画チームのメンバーは，図書館長（または予定者）・図書館員（司書）のほか，公共図書館の場合は，関連担当部局（企画・財政・建設・社会教育等），大学図書館の場合には，図書館運営委員会，担当部局（財政・施設等），いずれの場合も利用者の代表，図書館の専門家・コンサルタント，学識経験者などを加えて構成する。

　計画に関わる人達は一般的に初めての経験であることが多い。そのため，作業のプロセスや方法，示すべき内容等についてまず勉強し理解することから始めねばならない。作業を効果的に進めるために，図書館づくりを経験した他館の館長や図書館専門家をチームのメンバーに加えるかコンサルタントとして委嘱し，アドバイスを得ることが有効である。また，計画チームは勉強会を持ち，調査，視察等により事例から得たイメージや評価，具体的な課題の認識などを共有することが有効である。

（2）図書館長・司書の役割

　図書館計画書づくりを行う計画チームあるいはその準備室で中心的な働きが期待されるのは図書館長（予定者）と司書である。なかでも館長は以下のような事項を責任を持って進める主体となる者であり，司書はそれを助ける役割を負う。

- 図書館運営の責任者として，また専門家として，つくるべき図書館で展開されるサービスと業務を明確に示し，建築スペースに求められる機能等を設計者等に正しく伝える。
- 既存図書館の更新・増築の場合，現図書館の評価と新たな展開を明確にする。
- 利用者の立場ならびに運営の立場からの意見をまとめ，調整する。
- 自治体等の設置主体ならびに住民等に対して計画内容を説明し，必要な予算・人員を見積り，確保する。
- 設計にあたっては，施主（発注者）の立場で設計者に注文を伝え，協議する。
- 竣工後の開館に向けての準備（選書・収書・配架計画，条例・運用規定等の策定，利用案内等の作成，PR，職員の訓練，業務のシミュレーション，コンピュータ等のシステムや機器の稼動テスト，開館式典の準備等）。
- 建設過程での関係者間の良いパートナーシップの形成を図る。

1.6 建築設計

　建築設計とは上記の図書館計画書の内容を建築として具体化する行為であり，敷地等の物理的な設計条件のなかで，与えられた予算を勘案しながら，求められる機能を十分に果たし，法令を遵守して，安全で快適かつ効率的で，維持管理しやすい建築を設計する。

　設計過程は一般的に［基本計画→基本設計→実施設計］を

経てその間のフィードバックを繰り返し，内容を詳細につめていく。最終的に「図面」と「仕様書」および工事費の「積算書」等で示される。

設計では，以下の事項を充たすことが期待されている。
・建築の機能・性能として優れたもの
・快適で，美しく，造形としても優れた空間
・周辺の景観にマッチしたコミュニティの象徴的な存在となる建築

なお設計を行う建築家（建築士の資格を持った中心的な設計者）は，社会の福祉に反しない限り施主（この場合利用者を含んで考えたい）に奉仕しなければならないとされており，施工業者との工事契約では施主を助ける。また，設計・施工に当たっては，技術的な検討，工事費の積算，関連工事との調整，建設地の近隣・周辺への説明と承諾を得ること，建築確認申請をはじめ各種届けと手続き等を行う。さらに，施工が図面や仕様通りに行われているかを監理することも重要な役割である。

(1) 設計者とその役割

設計を行うのは資格を持った建築士（建物の規模・構造により一級・二級・木造の各建築士，図書館の場合一級建築士が妥当）であり，通常，建築設計事務所の代表者を指す。実際の設計はその名義の下に所属する担当の建築士が当たる。

建築計画書の内容に従ってスペースの構成など建築空間のデザイン（意匠）を担当する建築士が建築設計全体の中心的な役割を負い，構造や設備の技術者，インテリアデザイナー，家具・サインの専門家，場合によってはアーティスト（美術

家・デザイナー）等，さまざまな専門家と協同して進め，全体をコーディネートするのが一般的である。

(2) 設計者の選考
　良い設計を行うためには設計者すなわち建築設計事務所等および担当建築士の選考が重要であり，図書館計画書に示された要求事項や設計条件等を熟慮して誠意をもって設計にあたる建築士を選びたい。
　建築士の選考には次のような方法がある。

①特　命
　これまでの建築設計の実績等から判断して，ふさわしい資質・能力を持っており，信頼に足ると判断できる該当者があれば，その該当者に直接設計を委託する方法である。特命で選定した理由が明確に説明でき，関係者に納得させることが求められよう。

②設計競技（コンペ，コンペティション）
　複数の建築設計事務所あるいは建築士に対して図書館計画書に基づいた基本設計案を求め，その中から優れた案を提出した者を選ぶ方法である。［公開］と［指名］があり，前者はあらかじめ定めた応募資格に適合していれば誰でも参加できる方式をいい，近年では国立国会図書館関西館で行われたのがその代表例で国際設計競技と呼ばれ世界中から495件の応募があった。後者はこれまでの実績等の特定の条件を満たす複数の建築設計事務所等を指名し設計案の提出を求め，最も優れた案の提示者にその応募案を基に実施設計を依頼する

方法である。設計競技は事務的に周到な準備と時間が必要であるが望ましい方式とされている。なお選考に公平性が求められ，選考過程および結果は公表するのが原則である。

③プロポーザル（技術提案）

［公募］とするかまたは特定の条件を満たす応募資格者を［指名］し，図書館計画書の計画条件や求められる内容を提示して，設計の考え方やアイデアなどについて具体的な提案を求め，優れた提案提出者を選ぶ方法である。提案には，イメージ，スペースの構成，あるいは技術的な内容が含まれるが，設計図面等にあたるものは求めないのが原則である。建築設計事務所の業績，担当者（予定者）の実績等を含めて総合的に判断し，インタービューによる質疑を経て決定するのが一般的である。設計競技に比べて手間は少なくてすむが，具体的な設計は基本計画からはじめることになる。なお，応募者に参加報酬が支払われるべきであろう。

④設計入札・見積合せ／望ましくない方法

設計入札とは，図書館計画書に基づいて設計するとした場合の設計料の提示を入札方式によって求め，基本的には最も安価な応札者と設計契約を結ぶ方法である。見積合せとは数社から設計料の見積りを取り寄せ，安価で妥当と考えられる事務所を選ぶ方法をいう。これらは設計料の多寡が判断要素となり「安い」ことで選ぶことから，設計の質は必ずしも問われないことになるので望ましくない方法とされている。

いずれの方法による場合でも，判断は設計者の能力や考え

方，取組み姿勢などを重視すべきであろう。

　また選考に当たっては，館長（予定者）が必ず入っていること，図書館の専門家や建築の専門家が加わっているか，その他必要な専門的助言が得られるようにしておき，公明正大で公開されていることが重要である。

1.7 計画・設計におけるパートナーシップの形成

　図書館施設の建設を進めていくなかではさまざまな人々が関与する。しばしば，それぞれの立場から強い主張がなされるが，それぞれの主張に耳を傾け，率直に議論をし，互いに納得して進めることを原則とすべきである。また，建築工事が始まってからもしばしば細部の設計変更や照明，色彩などインテリア事項の決定，家具の調達などに際して協議が必要になる。

　例えば，図書館サービスの立場に立てば，サービスを行いやすいことが優先されるのは当然である（機能性を重視）。一方，設計者の関心は快適な空間で造形的に面白いデザインを創ることや（造形性の重視），技術的な合理性に強い関心を持つ（技術性の重視）場合などがある。これらは考え方の重心をどちらに置くかによって異なった判断となるものである。建築はこれらのさまざまな要素をバランスよく組み立てていくことが求められる。計画・設計に係るそれぞれの立場（専門職）の人はお互いを尊重しつつ，対等な関係で協議し，納得するまで議論することが求められる。

　協同作業の基本はよきパートナーシップを築き，信頼関係に基づいて進めることである。

注
1) 図書館の地域計画の方法については,日本図書館協会『図書館ハンドブック』第6版,2005.を参照。
2) 市部・町村部別,図書館の規模別に図書館へ来館する住民の比率が異なる。注1)の「Ⅶ.B.図書館網計画の進め方」を参照。

2章 利用動向からみた利用者の求めるサービス

2.1 はじめに

　よい図書館をつくるために，前章の「どのように」して計画するかという視点に加え，利用者がどのように利用しているのかをとらえ，「どのような」図書館サービスを求めているのかを建築的な立場から考えていく。

　図書館は図書・資料と建物，職員，利用者とで構成されている。よい図書館をつくるためにはどれもが大切な要素であり，建築的なものですべての問題が解決できるわけではない。そのため，どのような図書館をつくりたいのかを検討する上で，利用者の利用動向を整理することはたいへん有効であるといえる。

　そこで，三重・滋賀・岐阜県における 16 図書館で土曜日に行った来館者アンケート調査などのデータをもとに利用動向を大観し，さらにいくつかの利用者層ごとに分けてその傾向を見ることで，各利用者層の図書館に求めるサービスを整理していきたい。

2.2 貸出利用から館内滞在型の利用

(1) 図書館計画の系譜

　従来の閉架式から書庫を開架式にして「全域奉仕，個人貸出・児童サービス重視」を掲げた日野市立中央図書館が 1973 年に建設され，徹底した貸出重視の活動が全国に広まった。その後 1990 年代に入ると，苅田町立図書館（福岡県）など屋外の読書テラスや分節された閲覧コーナーを持つ多様な利用者ニーズに応える館内滞在型の図書館が現れ始めたといえる。

　先述の 16 図書館において，1990 年代に土曜日 1 日の来館者調査を行った際の平均滞在時間は 49 分程度であり，2006 年以降に愛知県内の図書館で行った調査では 60 分を超える館もあった。同一の図書館で調査を行ったわけではないが，

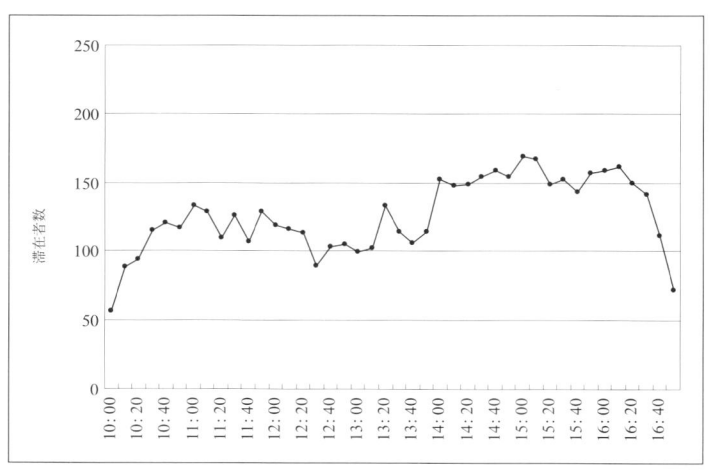

図Ⅱ－1　滞在者数の時刻変動（田原市図書館）

どの事例もほぼ同様の開館時間と閉館時間，調査時期（10月頃），立地条件に特殊事情がないことを勘案してみても，利用者が館内に滞在している時間は伸びる傾向にあることが読み取れる。

また，上述の愛知県の図書館で館内を10分おきに巡回して利用者の姿勢や行為などを調査した結果から，滞在者数の時刻変動例を図Ⅱ－1に示す。こうした図から土曜日などの休日はどの図書館でも11時と15時あたりに滞在者数のピークがあり，さらに15時のピークは一日の総来館者数の15〜20％となっていることが分かった。

(2) 館内での滞在利用の増加

一方，この巡回プロット調査から利用者の姿勢に着目して，

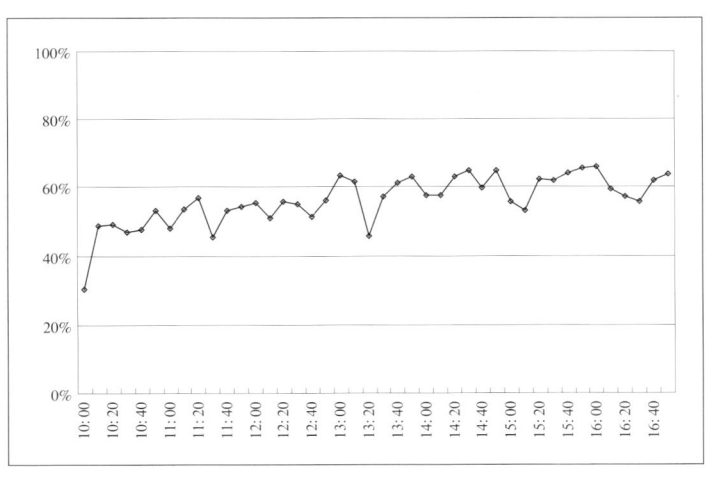

図Ⅱ－2　着座行為率の時刻変動（田原市図書館）

ある時刻の滞在者数に対する着座している利用者の割合を着座行為率として求めて時刻変動を図Ⅱ-2にみると，どの図書館でもほぼ同様に，どの時刻でも60％前後の値を推移していることが分かる。つまりこれは，座席数の多い少ないにかかわらず，館内ではいつでも利用者の約3分の2の人がどこかの席に座っており，立っている人より座っている人の方が2倍近くいる。

こうした館内での様子からも図書館利用の傾向が，少しずつ変化していることが読み取れる。しかし，館内での着座や滞在を利用者が志向するようになったからといって，図書・資料の貸出利用が減っているわけではない。こうした利用をする利用者が現れて，利用の選択肢が広がっているといえよう。施設計画の視点として，閲覧席のあり方や館内での過ごし方という点からも検討する必要性がますます高くなると思われる。

2.3 利用者層ごとの利用実態

(1) 利用者属性とマイカー利用

地方中小都市での来館者調査から，図書館の利用圏域が非常に広がっていることが明らかにされている。ここで詳細には触れないが，これは車での来館が7～8割を占めており，車利用による距離に対する抵抗感の減少が大きく影響している。立地条件にもよるが，図書館が市街地でいつも渋滞している道路沿いにあったり，駐車場が有料だったり，また駐車場の台数が少なく停めにくかったりすると利用圏域は広がらず，相対的に来館者が少なくなる。逆に土日休日には，かな

表Ⅱ－1　6つの利用者属性と同伴形態の構成割合

属性	人数	百分率	
児童	2056	26.3%	■■■■■■□□□□□□□□□□□□□□□□□□□□
学生	1344	17.2%	■■■■■■■■■■■■■□□
有職男	1792	23.0%	■■■■■■■■■■■■■■□□□□□□□□
有職女	674	8.6%	■■■■■□□□
主婦	1624	20.8%	■■■■■■■□□□□□□□□□□□□□
高齢者	317	4.1%	■■■■
合計	7807	100%	単独利用51%、家族同伴49%　■：単独利用　□：家族同伴

り遠方からでも車に乗って親と一緒に子どもたちが来館している。このため，利用者層としては交通手段を考慮して，単独あるいは友人同士と来ているのか，家族同伴で利用しているのかの大きく二つに分けて見ていくことにする。

　あまり細かく分けすぎて図書館計画に用いることができなければ意味がないので，利用者を小学生以下の「児童」，中・高・大学生の「学生」，20歳以上65歳未満の「有職男性」・「有職女性」・「主婦」，65歳以上の「高齢者」の6つの属性に分類し，併せて「単独利用」と「家族同伴」とで見ていくことにする。

　表Ⅱ－1は各属性と同伴形態との構成割合を示す。土曜日の調査なので，単独利用と家族同伴は概ね50％ずつを占め，児童，有職男性，主婦，学生がどの館も20〜25％の割合となっている。児童と主婦は家族同伴が多く，逆に学生・有職男女・高齢者は単独利用が多くなっている。

　また，平日は若干児童・有職男性が減り，学生・主婦の割合が増えるが，平日と休日とで顕著な差はなかった。

（2）利用者階層と利用圏域の広がり

利用者層ごとの利用圏域の広がりをみると，以下に示すような大きく3つに整理される。

① 「児童単独」と「学生」は利用圏域が遠方まで広がらず3kmが限界となっているが，図書館に近い1.5kmまでの範囲は高い施設利用率を示している。

② 来館者全体の約5割を占める「児童と主婦」を中心とした家族連れの利用者層は，車利用にも関わらず近隣に図書館がある場合は近くの図書館を利用し，近くない場合は遠方の比較的大規模な図書館を利用する。

　「主婦」は施設サービスの魅力よりはむしろ，地縁的な近さの方が強く影響して利用する図書館を選んでいると考えられる。

③ 来館者の約15％程度を占める「有職男性単独」は，館近傍で施設利用率が高くなることもなく，周辺地域の図書館設置状況にもあまり影響を受けず，蔵書冊数に応じて利用圏域が広がっている。「有職男性単独」は距離の影響を受けることなく，利用する図書館サービス自体の魅力に強く影響を受けている利用者層といえる。

表Ⅱ-2　利用者属性と交通手段

	児童 単独	児童 家族	学生	有職男性 単独	有職男性 家族	有職女性 単独	有職女性 家族	主婦 単独	主婦 家族	高齢者	平均
徒歩	16.2%	4.2%	10.1%	5.5%	2.3%	3.1%	3.2%	5.5%	2.9%	16.6%	6.2%
自転車	59.2%	6.6%	49.1%	14.0%	4.5%	12.2%	6.5%	19.5%	6.5%	32.5%	19.9%
バイク	0.0%	0.1%	5.1%	3.7%	0.0%	4.2%	0.4%	3.8%	0.2%	5.6%	2.2%
車	18.2%	87.9%	22.1%	75.2%	92.5%	76.8%	89.5%	67.7%	89.4%	38.8%	67.7%
バス	4.9%	0.8%	3.9%	0.9%	0.3%	1.4%	0.4%	2.6%	0.5%	0.5%	1.8%
電車	1.3%	0.5%	9.6%	0.6%	0.5%	2.3%	0.0%	0.9%	0.5%	1.6%	2.3%
合計(人)	446	1694	1343	1127	666	426	248	532	1094	320	7896

2.4 利用者層による利用内容の違い

(1) 利用者の同伴形態と交通手段

　表Ⅱ-2に利用者層ごとの交通手段の割合を示す。館近傍の距離の影響を受ける児童単独・学生は，徒歩・自転車での来館が約6割を占めている。

　一方，館遠方まで利用距離が広がっているのは，児童・有職男女・主婦の「家族同伴」と有職男女の「単独利用」の2つに分けられる。児童も含めた家族同伴での利用は，9割が車で来館している。単独利用者は車が7割で自転車が2割弱あり，「家族同伴」と「単独利用」とでは交通手段に差が見られた。

(2) 利用者の同伴形態と利用内容

　各利用者層の全体的な利用の傾向をみるため，表Ⅱ-3に利用頻度・利用目的・平均滞在時間の利用内容を示す。

　平均滞在時間をみると，単独利用者は比較的滞在時間が長くなっている。学生は［勉強］目的が25％と圧倒的に多いために滞在時間が最も長いと考えられる。また，有職単独と高齢者は［週に数回］が4割近い常連的な利用者層であることが分かった。

　各属性の家族同伴は，貸出期間の［2週に1回］が最も多く，［借りる］約40％，［返す］約30％と利用内容がよく似ており，図書の貸出利用を主とした利用者層であるといえる。

　一方，各属性の単独利用は，家族同伴に比べ［調べる・読む］が若干高くなっている。特に児童・有職男では滞在時間も長く，［新聞雑誌・AV］［CD・ビデオ］が高いなど，貸

表Ⅱ-3 同伴形態別に見た各利用者層の利用内容

(16館合計、目的は複数回答)

			児童		学生	有職男性		有職女性		主婦		高齢者
			単独	家族		単独	家族	単独	家族	単独	家族	
		合計(人)	438	1618	1344	1130	662	427	247	532	1092	317
頻度		月に数回	50.0%	57.3%	37.5%	34.8%	18.1%	20.6%	19.8%	25.2%	20.8%	40.4%
		月に1回	45.4%	37.4%	22.2%	35.7%	42.9%	41.5%	42.5%	44.2%	47.8%	34.7%
		2週に1回			16.7%	17.9%	23.3%	22.7%	22.7%	19.0%	18.5%	14.5%
		年に数回	4.3%	5.2%	23.5%	11.4%	15.4%	14.8%	15.0%	11.1%	12.3%	10.4%
		(回答数)	790	2946	2204	1934	1138	797	448	971	1979	538
目的		借りる	24.1%	38.5%	19.2%	33.4%	39.3%	38.0%	40.6%	36.8%	41.1%	31.2%
		返す	13.0%	26.5	12.0%	20.9%	23.5%	25.5%	28.8%	29.1%	29.2%	17.8%
		探す・読む	26.1%	13.8%								
		調べる・読む			25.3%	26.2%	18.3%	21.0%	16.5%	20.2%	14.6%	24.5%
		CD・ビデオ	9.7%	5.7%								
		新聞・AV			7.5%	11.8%	6.3%	6.6%	4.2%	5.0%	4.3%	14.3%
		勉強	11.5%	1.2%	25.1%	4.8%	1.1%	3.4%	0.2%	1.9%	0.4%	3.3%
		イベント・遊びに	8.9%	6.1%								
		ついで利用			10.8%	2.9%	11.5%	5.5%	9.6%	7.0%	10.4%	8.7%
		連れられて他	6.7%	8.2%								
平均滞在時間			0:56	0:36	1:30	0:53	0:37	0:48	0:30	0:33	0:33	0:46

26

出利用だけではないことが分かった。単独利用者は，新聞雑誌やCD・ビデオ等を利用して館内での滞在を志向する利用者層であるといえよう。

　館内で長時間滞在するためには居場所が必要であり，単独の利用者層は蔵書冊数や館内の設備・家具も含めた施設サービス自体に強く影響を受けて，図書館を利用していると考えられる。

2.5 図書館に求められるプラスアルファ機能

(1) 利用者が期待している図書館機能

　アンケート調査票の自由回答の記述から図書館に対する要望をKJ法によりいくつかのグループごとにまとめて整理すると，表Ⅱ－4のようになった。自由回答のため項目は多岐

表Ⅱ－4　調査票の自由回答より整理した図書館に対する要望

要望	自由回答より整理した図書館に対する要望
基本的な図書館サービスの充実	・貸出システムのスピード化　・貸出期間 ・近隣図書館との提携　・開館時間 ・町外者の利用可能　・町民の意識の向上
職員サービス	・受付職員のサービス対応　・専門の司書
蔵書に関する要望	・図書情報の公開　・専門書の充実
館内のスペース	・学習スペースの確保　・喫茶コーナー ・子ども用のスペース　・読書する場所の確保
館内のスペース設備	・パソコンやインターネット
図書館の魅力	・雰囲気づくり　・清潔さ ・独自性や専門分野を出す　・魅力づくり ・滞在型の利用ができる　・中途半端ならやめる
図書館に期待する+αの機能	・コミュニケーションの場　・リサイクル本 ・生涯学習の発表の場
交通条件	・交通弱者に対するサービス　・駐車場の確保
立地条件	・立地場所の検討（町の中心）

表Ⅱ－5　図書館に対するイメージ

質　問　項　目	(％)
知りたいこと・調べたいことがわかる	59.5
日課として来る	2.7
友人・知人と出会い、交流する	2.4
時間をつぶせる	11.9
勉強や作業のための場所がある	18.9
自分の世界に浸れる	11.0
新しい興味や関心を見つけられる	34.3
気分転換できる	24.7
家族や友人とレジャー的に来られる	7.5
その他	4.4

にわたるが，蔵書構成や開館時間，職員の対応など図書館の基本的なサービスはもちろんのこと，喫茶コーナー，学習スペース，読書する場所やよい雰囲気づくりなど滞在する「居場所」に関する項目も挙げられている。

　また，アンケート調査で「図書館に対するイメージ」を聞いてみると，表Ⅱ－5のようになる。「知りたい・調べたいことが分かる」が60％と最も多いが，「新しい興味や関心を見つけられる」35％，「気分転換できる」25％など図書館に「非日常性」を期待していることがうかがえる。

　単独利用の人は，館内の空間構成や居場所の確保，CD・ビデオなどの設備機器にも魅力を感じていることが分かっている。利用者は図書館の基本的なサービスだけではなく，ゆっくりと館内で滞在できる雰囲気づくりにも期待しているといえよう。

(2) 滞在型利用のできる地域のサロンとしての図書館

　どれぐらいの利用者が，図書館で本を借りているのであろうか。アンケート調査では来館者一人ひとりに協力の声をかけており，アンケートを断られた人数も把握している。アンケート調査当日の来館者数に対する貸出利用者数の割合は，どの館でも概ね 60 ％となっており，高いところでも 70 ％であった。また，図書館カード（貸出登録証）を持っていない人も 2 割近くいる。家族で利用して一人の図書館カードで貸出を行うこともあると思われるが，すべての来館者が図書の貸出を目的としているわけではないことが分かる。

　一方で，図書館という施設機能について考えてみると，基本的に入館制限が無く，無料で，時間的な制約もないため，滞在利用も必然的に生じているといえる。また，同じ目的で同じ空間を共有するため，子どもからお年寄りまで異なる世代が「交流」できる施設でもある。

　地域住民に対してさまざまな公共施設の利用状況を調査すると，図書館はホールと 1 位 2 位を争うほど，かなり利用されている公共施設といえる。しかし，地域人口に対する図書館利用者の割合はせいぜい 30 ％程度であり，残り 70 ％の住民は図書館を利用していないということになる。

　こうしたことから今後は，利用していない人も含め，図書館への近づきやすさ親しみを感じてもらえるよう「地域のサロン」としてのあり方が求められるといえる。図書館のハコモノとしての存在意義は，真の「コミュニティ施設」として多くの地域住民にさまざまな目的で利用してもらうことにあるといえる。

2.6 利用者をひきつける図書館サービス

(1) 図書館利用の発達的段階に応じた施設サービス

　若年世代の居住者が多い新興住宅団地には，図書館から少し離れていても，児童＋主婦の家族同伴での利用者が多く存在する。また，新しい図書館がオープンすると，貸出冊数全体における児童書の割合は，開館後3年目までは4～5割と高く，3年後は3割程度に落ち着いてくる。こうしたことから，図書館利用の「きっかけ」としては児童が重要であるといえよう。

　このように図書館利用者は，図Ⅱ－3に示すようにライフステージに応じて段階的に発達していると考えられる。子どもは成長すれば友人と来館するようになり，貸出利用から勉強目的の利用や図書館離れが生じる。子どもが成長した後，親が単独で継続して利用し続けるかどうかは，図書館の施設とサービス内容に大きく関係していると思われる。

　子どもの成長後も，有職男性層は比較的単独でも利用するようになるが，主婦層は単独ではあまり利用しない。その理

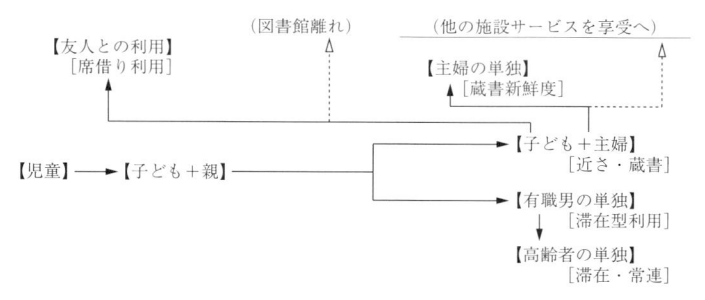

図Ⅱ－3　ライフステージと図書館利用の変化

由としては，主婦は子どもを介した地縁的なつながりが強く，英会話や料理教室といったさまざまな学習活動を行っているため，図書館以外の施設サービス等を享受するようになるからと考えられる。主婦層は貸出を主目的とする利用者層であるから，子どもが成長した後も図書館を継続して利用してもらうためには，「新鮮な図書」や「雑誌種数」を充実させることが必要であると考えられる。

有職男性層は，距離の影響をあまり受けず，単独で広範なエリア内で蔵書冊数や設備機器など施設サービスを「選択」し，滞在型の利用をするようになる。こうして図書館を定期的に利用するようになった有職男性は，高齢者層がほとんど男性であることからも，常連化していくと考えられる。

このような各利用者層の図書館に対する要求を的確に読み取り，各地域，各図書館に応じたサービスを丁寧に検討して提供することが必要となる。

(2) 居場所の形成

図書館利用者の滞在時間が長くなっていることは，冒頭で述べた通りである。勉強目的の利用は非常に滞在時間が長くなるが，そうした利用が増えているのではなく，図書館利用者が全体的にゆっくりと館内で過ごすようになってきている。

借りたいものを借りればすぐに帰るというのではなく，少しどこかに座って借りたい本の中身を吟味するとか，気になる雑誌に目を通すなど，利用のパターンはいろいろとあるが，本を借りる場所としての図書館からちょっとくつろぐ場所として，利用者の居場所のひとつとして利用されているように

思われる。

　利用者は利用する図書館を「選択」している。調査をしている時に，隣町の図書館から借りてきた本を，別の図書館の眺めのよい閲覧席に座って読んでいる成人男性を見かけたことがある。こうした利用者はさほど多くはないと思われるが，館内の雰囲気などが利用する図書館の選択肢の一つになり得ることを示しており，こうした「滞在的な利用」に着目すれば，蔵書だけでなく，空間や設備の魅力で利用者を惹きつけることができるのではないだろうか。

2.7 まとめ

　図書館は，貸出冊数や図書カード（貸出登録証）の利用を統計的に処理しているため，各館で利用状況の統計がきちんと把握できる公共施設である。ある図書館長から，統計をみると 30 〜 40 歳代の男性の利用が少ないという話しを聞いたことがある。しかし，今まで見てきたように来館者調査などを行うと，その 30 〜 40 歳代の男性層も来館しており，図書は借りないものの館内で読んでいたり，CD・DVD を鑑賞していることが分かった。

　統計だけに頼らず，利用者の利用状況をよく観察して，各館，各地域の利用者の多様なニーズを掘り起こしていくことが，これからのよい図書館をつくる上で重要な視点になるといえる。利用者は利用経験を重ねることで成長していく，図書館サービスも変化・発展していくことが必要である。

参考文献

1) 中井孝幸『利用圏域の二重構造に基づく疎住地の図書館計画に関する研究』,学位論文,2000.
2) 栗原嘉一郎,篠塚宏三,中村恭三『公共図書館の地域計画』,日本図書館協会,1977.
3) 日本図書館協会編『図書館による町村ルネサンス Lプラン21－町村図書館振興を目指す政策提言』,日本図書館協会,2001.
4) AVCC編『インターネット時代の公共図書館－ハイブリッド図書館の確立に向けて』,AVCC,p.31-40,2001.
5) 中井孝幸「地方中小都市における図書館利用とモータリゼーション－利用圏域の二重構造に基づく図書館の地域計画」『現代の図書館』Vol.39 No.2,p.102-110,日本図書館協会,2001.6

3章 図書館の部門構成と各部の計画

3.1 図書館の建築計画における基本的な考え方

　公共図書館は 1)あらゆる年齢層を対象，2)無料で開放され，3)自由な時間に訪れ好きなだけいられる，4)館内の室・スペースが自由に利用できるという他の公共施設にはない特質を有している。そのため図書館の建築は規模を問わず，以下のような基本的要件を満たしている必要がある。

(1) 安全であり，快適である建築

　安全で快適であることは建物性能の最も基本の要件である。安全では，日常安全の延長上に災害時の安全があるといえる。高齢者や児童の床での転倒や階段からの転落，家具や壁への衝突，ドアに手が挟まれるなどの恐れがないこと。そして，防災設備など災害に対する備えが万全であり，その適正な維持管理が容易にできるようになっていること。

　温度・湿度，空気の質，明るさ，音などの室内環境要素が，省エネルギー（ランニングコストの縮減）と快適さの両立したシステムにより実現していること。

　図書館の安全では資料管理の安全という側面もある。あるべき資料がきちんと所定の位置にあることは，利用者に信頼

される図書館の要件である。蔵書管理，貸出返却管理を厳正に行うことに加えて，資料の亡失を防ぐためにブック・ディテクション・システム（BDS）など機械式の検知システムによる資料管理を行うことが必要となっている。しかし，これだけに頼るのではなく，利用者が自然にモラルを守るような雰囲気をつくることも大切である。

（2）入りやすく，親しみやすい建築

入りやすさには，入口が分かりやすい，アプローチ路との段差がない，自動ドアであるなど物理的な入りやすさと，建物が威圧的でなく人を引きつける魅力をもつ，館内の様子が外からうかがえるなど心理的な入りやすさの両面をみたす必要がある。

親しみやすさのためには，館内が十分に明るく，見通しがきいて，自分のいる所，自分の行きたい所が分かりやすいこと。ゆったりとした中に適当なにぎわいがあること。館内で過度に静粛を強いる必要がないように，動的な行動のスペースと静的な行動のスペースとのメリハリをつける。また，できるだけゆとりのスペースを設け，居心地の良い空間とする。雰囲気を和らげるためには観葉植物や絵画，彫刻を適宜配置することも効果的であり，このようなことをあらかじめ想定したスペースをつくりたい。

（3）使いやすく，働きやすい建築

第一にできる限り一層当りの面積を大きくして，全体として低層の建物とする。階数を減らすことで，館内が分かりやすくできる。階段などの面積が減り，それだけ有効に利用で

きる部分が多くとれる。また，館内がより分かりやすくなることや，職員の目が行き届きやすくなり，サービスの向上と管理のための人手の削減が期待できる。第二に機能的であること。室・スペースの相互の位置関係を合理的にかつコンパクトに配置する。これにより利用者と館員の歩行距離を短くすることができ，使いやすさ働きやすさが向上する。無駄を排したコンパクトな建物は建設費や維持管理費を減らす効果をもつ。第三に職員用の諸室など間接サービスのための室やスペースが適正な広さと構成でなければ十全な機能は発揮できない。職員が効率的に働け，知的労働に専念できる執務環境の形成が求められる。

（4）あらゆる人が魅力を感じる建築

　図書館には人びとが本を借りる，雑誌を読む，調べものをする，ビデオを見る，音楽を聴く，集会に参加するなどさまざまな目的で来館する。単に読書といっても，ゆったりとしたソファで読みたい，広い机にいろいろな本を広げて読み比べたい，個人席や個室で読書に没頭したい，グループで読書会をもちたいなどいろいろである。図書館建築にはこれら来館者がそれぞれの目的をみたし，かつ快適に過ごすことができるように多様性と豊かな空間性への配慮が必要である。

　同時に，人と人との出会いや交流の場となる地域コミュニティのサロンとして，特段の目的をもたなくても来館したくなるような雰囲気をもたせたい。

（5）身体障害者も支障なく利用でき働ける建築

　図書館は障害をもつ利用者も職員も，健常者と変わらぬ行

動ができるバリアフリー環境を実現したものでなければならない。「高齢者,障害者等の移動等の円滑化の促進に関する法律」(通称:バリアフリー新法,2006年法律第91号)は,図書館の出入口,廊下,階段,傾斜路,エレベーター,便所,敷地内の通路,駐車場について基準を設け適合努力義務を課している。各自治体も個別に条例などで建築上のバリアフリー基準を定めており,これらの要件を満たすことは不可欠である。しかし,この法や条例自体は,図書館としての「使いやすさ」を保障するものではないことも認識すべきで,図書館ごとにきめ細かな配慮が必要である。

また,これまでバリアフリーというと目に見えやすい車イス障害者だけの問題としてとらえられがちであったが,視覚・聴覚障害者,高齢者,妊婦などさまざまなハンディをもった人が図書館を利用することを忘れてはならない。

さらに,身体に障害を有する職員でも支障なく働ける建築でなければならない。

(6) 図書館の成長・変化に対応できる長寿命型の建築

図書館の資料は定常的に増加し続け,利用者も増加する。資料の形態や図書館サービスの内容,利用者が図書館に求めるものは時代とともに変化する。このように質と量からなる成長と変化に対応して,長年月にわたって図書館として使い続けられるためには,建設時から変化をできる限り受け入れることができるようスペースの融通性と拡張性を考慮しておく。そのため,どの場所に,どのような変化に対する,どのような対応を準備するかについて検討し,妥当な範囲で備えておく必要がある。しかし,すべてのスペースについてこれ

を実現することは難しい。固定の壁を最小限にしたり，床に段差をつくらないことでフレキシビリティの高い建築としておくことが大切である。

建物が長期間の使用に耐え長寿命であるためには，維持管理の経費が合理的な範囲であることが求められる。建築としての長寿命化を図る方策については5章で扱う。

(7) 美しく，格調の高い建築

それを利用したり働くことが誇りに感じられるような建物，地域の気候や風土，周辺の雰囲気とよく調和した建物，長年月をかけて風格を増していくような建物，実用性と美しさの調和した建物，こんな建物は利用者からも愛され，職員の熱意を持続させる。

3.2 既存施設の増改築・他用途施設の転用

これまでわが国の建築物は，せいぜい数十年の期間で取り壊されて新しいものに建て替えられてきた。取り壊し理由に関する調査結果では，所有者の変更，社会的・経済的な環境の変化，事業目的の変化等がほとんどで，物理的劣化が理由は少ないと報告されている。つまり，建築物の物理的な寿命よりも「役にたたない」という理由で取り壊されている。

近代建築は機能に忠実に作ることを旨としており，機能の大幅な変容や用途変更が起こると寿命が尽きる。人間の諸活動の変化が急速な時代にあっては，建築は短命を免れえないとする考え方が一般的であった。また，わが国では地震や火事といった災害の発生が顕著であり，大きな災害の経験をも

とにたびたび変更される建築法規は，既存施設の存続にはきわめて高いコストを強いるといった事情がある。そのため，これまでは図書館の新設・更新は新規建設とほぼ同義であったが，世界的な環境負荷削減に向けた取り組みが促進されている現在，既存図書館の増改築または他の用途で建設された施設の転用も選択肢とする考え方への転換が求められている。

日本建築学会は1997年に公表した「気候温暖化に関わる建築学会声明」において，建築の寿命を3倍（100年程度）にすることを提唱している。これは，まず優良な建築物を造り，適正なメンテナンスで維持し，初期の用途に対応できなくなったら増改築や他施設に転用するなどして永く使おうという考え方である。

図書館全体として既存他用途施設を転用した事例は，茨城県立図書館や鳥取市立中央図書館などである。また，2007年度の日本図書館協会建築賞は，既存図書館に大幅な増改築を加えた龍谷大学大谷図書館（京都市）と，一部に廃校となった小学校校舎を活用した潮来市立図書館（茨城県）の2つの図書館に与えられた。

しかし，既存図書館の大規模な増改築や他用途施設の転用には，個々の施設ごとに専門的な建築診断と，種々の制約の中で改造計画・設計，補修工事を要するから，安易な判断は慎むべきといえる。日本図書館協会では，2006年と2008年の図書館建築研修会で既存他用途施設から図書館への転用事例とその課題などを扱っている。[1)2)]

3.3 構成要素の計画

(1) 部門構成

　公共図書館は 1)地域社会と市民の要求を正確に把握し，それに基づいて適切な資料や情報を収集すること，2)貸出，読書案内，リクエスト，レファレンスのサービスによって，利用者の求める資料や情報を提供すること，3)これらの充実をふまえて，集会活動など市民の利用を促す活動を展開することが必要である。

　こうした活動を展開するために必要となる室・スペースすなわち構成要素は，それぞれの図書館が果たすべき機能の違いを反映して異なるから，それぞれに応じた慎重な検討が求められる。

　最も単純な構成である地域分館では，地域住民の日常的な貸出利用および館内閲覧要求に応えられる厳選された一定量の資料を開架で提供する児童コーナー，新聞・雑誌コーナー，一般書コーナーなどに分節化された開架書架スペースが，ほとんどの部分を占め，これにサービス職員のワークスペースのみで構成される。

　地域中心館クラスでは，貸出および館内閲覧に加えて調査・研究利用に対応できる，開架閲覧に関連した多様な利用部門の独立した室ないし半独立のスペースと，集会・会議・展示部門，保存機能に対応した閉架書庫，ならびに業務部門の諸室，移動図書館関連室などが必要となる。

　広域参考図書館クラスでは，主要機能は調査・研究利用が主体となるため，個別性の高い開架閲覧室を複数設ける。

　機能と室構成をまとめた例が［表Ⅲ－1］である。

表Ⅲ-1　図書館の構成要素

機能		地域中心館クラス	広域参考図書館クラス
入口	エントランスホール	総合案内，掲示，新刊展示，ブックポスト（展示スペースを設けることも多い）	総合案内，ラウンジ，喫茶，ロッカー室，ブックポスト
利用部門	貸出 検索 閲覧 参考調査	総合サービスカウンター，貸出事務室 資料検索スペース 開架閲覧室 （細かく区切らずに，主な利用対象者別や資料の内容，形態別にコーナーとして分節化する） ・資　料：開架資料群 　（分節化要素の例） 　・児童，ヤングアダルト，成人，高齢者等主な利用集団別 　・一般図書，雑誌・新聞，視聴覚資料，児童図書，青少年図書，参考図書，郷土資料，行政資料等資料の形態や種類別 　・ポピュラー図書，実用書，調査研究図書等資料の内容別 　・ブラウジングスペース 　・お話し室（コーナー） 　・視覚障害者サービススペース 　　・対面朗読室 ・利　用：ソファ席や閲覧席を適宜分散配置 　　　　　インターネット端末スペース ・館　員：参考調査相談・案内デスク 　　　　　児童司書デスク	貸出センター 資料検索スペース（館内に分散配置） 開架閲覧室 （主題部門別や資料種別，資料の内容別にそれぞれ開架閲覧室を設けるなど，個別性を高めて構成する） ・資　料：開架資料群 ・利　用：閲覧席（情報コンセント付き） 　　　　　研究個室，グループ室 　　　　　視聴覚資料視聴ブース 　　　　　ブラウジングスペース 　　　　　ラウンジ（休憩スペース） 　　　　　お話し室 　　　　　コピー室（ブース） 　　　　　インターネット端末 　（公開書庫） ・館　員：参考調査相談デスク 　　　　　児童司書デスク 　　　　　部門別作業室 （館内での視覚障害者へのサービス） ・資　料：開架書架群 ・利　用：閲覧席，対面朗読室 ・館　員：受付カウンター，作業室
	集会・研修	集会・研修室，グループ活動室	視聴覚ホール（映写室など関連諸室） 集会室・会議室，保育室 グループ活動室，ボランティア・ルーム
	展示	展示スペース	展示室（スペース）
業務部門	企画調整 資料整備 情報管理 会議・厚生 移動図書館の基地　など	館長室兼応接室 管理事務室 整理作業コーナ コンピュータコーナー 会議室，スタッフラウンジ，更衣室 移動図書館書庫，配送・仕分け作業室 移動図書館車庫など	館長室，附属諸室 管理事務室 資料整備作業室 選書室，受入・整理部門作業室 コンピュータ室，複写室，スタジオ，録音室 会議室，スタッフラウンジ，更衣室 移動図書館書庫，配送・仕分け作業室 移動図書館車庫，巡回車車庫など
保存		保存書庫	保存書庫，新聞庫 貴重書庫，貴重書閲覧室
建物として機能するためのスペース		廊下，階段，エレベータ，便所，倉庫，授乳室 空調機械室，電気室，中央閑し室，清掃作業室など	

(2) ゾーニングと動線計画

①ゾーニング

ゾーニングとは「間取り」の計画で，平面計画と断面計画すなわち階ごとの構成計画とからなる。平面計画では，室・スペース相互の関係の強さ，人・物の移動量などから，それぞれの望ましいつながり方，相互の位置関係について検討する。

図書館は一般に平屋建てであることが望ましいが，必ず実現できるとはいえない。断面計画では階ごとの構成要素を定める。とくに利用者の出入口の置かれる階は，利用者にとって最も利用しやすい階であるから，この階に何を配置するかは重要である。

②動線計画

動線とは人や物の移動する軌跡のことをいう。図書館においては利用者の動線，職員の動線，資料の動線がある。資料は自動搬送の場合以外は単独では動かないため，利用者・職員の動きによって代行する。

動線計画の基本目的は「利用者にとって使いやすく，職員にとって管理しやすい」図書館である。そのためには，館内における利用者，職員及び資料の動きを整理し，適切な動線計画を立てなければならない。原則は利用者と職員の動線の分離と，動線の長さをできるだけ短くすることである。

動線計画はゾーニングと深く関係するため，本来的には，敷地条件，外観のデザイン，階構成計画，構造計画，環境設備計画，防災計画及び建築基準法を始めとする法的な制約など，設計段階における種々の計画と総合的かつ一体的に検討

されるべきものである。また，動線を計画することは，建物の使われ方つまり利用者や職員の行動パターンを規定するという側面もある。したがって動線計画は，個々の図書館サービスごとに具体的な方法の詳細な検討に基づき，さまざまな行動パターンや場面を想定しつつ決定しなければならない。具体的な動線計画では以下の5点を確保することが必要である。

　ア．全体として分かりやすく明快である。
　イ．チェックゾーンとノーチェックゾーンの区分が明確である。
　ウ．利用者や職員の利用行動に即して自然であり合理的である。すなわち動線上の往来が頻繁な間は相互の距離を短くする。
　エ．利用者と職員の動線の不必要な交差がない。
　オ．水平動線と垂直動線の関係が分かりやすく合理的である。

このほかに，書店員等外部からの訪問者の動線への配慮も忘れてはならない。

(3) 各部の計画
①入口まわり

規模の小さな図書館では，玄関ホールを設けることをせずに，すぐに開架閲覧室へと導きたい。玄関ホールに館の案内，新着図書の案内や行政情報などの掲示スペース，市民の作品などの展示スペース，場合によっては談話スペースや喫茶コーナーなどを設けることは，親しみやすさの増加につながる。

集会室等を設ける場合には，特に集会の終了後の人の流れ

に伴う騒音が閲覧室内の利用者への支障になりやすいから，玄関ホールを設けて利用者の流れを分離する必要がある。とりわけ閉館時にも集会室の使用を許す場合には，閲覧室と区画できる玄関ホールは不可欠である。

入口近傍には外部に接して休館時などの図書返却用にブックポストを，内部には大きな手荷物を持参した来館者用のロッカースペースを設ける。

管理上の見地から，玄関ホールからチェックゾーンである開架閲覧室への利用者用の入口は1箇所に限定するのがよい。

②開架閲覧室

開架閲覧室は将来の内部機能の変更に備えるなどの目的から，一般に，細かく部屋に分割せずに，柱や固定の壁の少ない大きなワンルーム空間を家具のレイアウト等により分節化することで形成するのがよい。分節化の方法は一般成人，児童，ヤングアダルトなど主な利用対象者別を基本とし，一般成人部門では1)図書，雑誌，新聞，視聴覚資料など資料の形態別，2)人文科学，社会科学，自然科学・工学などや地域・行政資料など資料の主題や内容別，3)主に貸出に供されるポピュラーな資料と調査・研究に利用されるレファレンス資料など，資料の利用のされ方に応じてなどの例がある。さらに4)「暮らし」「環境」など特定のテーマを設定してNDCなどの分類によらず関連資料を集めたコーナーを形成する方式もある。このいずれかまたはその組み合わせを採用するかは，図書館の運営方針，配架すべき資料数，資料の内容，面積，階構成，利用者の特性などから決定されるべきである。

ア．一般利用者用開架スペース

　書架レイアウトは図書館の使い勝手を左右するから，資料配架計画との整合を図り慎重に検討する必要がある。高書架・低書架を適宜交えたレイアウトを基本とし，書架間隔は資料種別・内容，書架間に滞留する利用者数，連の長さなどを勘案してゾーンごとに適宜選択する。

　書架を並列配置する場合，通路の幅に書棚の奥行きを加えた書架の芯々距離を書架間隔という。書架間隔は利用者の使い勝手と職員の働きやすさ，単位面積当たりの図書の収蔵力，開架室の雰囲気そして柱の間隔など建築の設計までを左右するものであるから，これを設定するに当っては慎重な検討が必要である。

　書架間隔を決定する第一のポイントは通路部分でどのような行為が行われるかである。ポピュラーな図書を並べた書架列の間には多くの利用者が立ち止まりその背後を別の

表Ⅲ-2　書架間隔と書架間における行為

書架間隔	適用箇所	書架間における利用者・館員の行動など
1.2m	閉架実用　最小	最下段の資料を取り出す際には膝をつく
1.35	閉架常用	最下段の資料を腰を曲げて取り出すことができる
1.5	利用者の入る閉架 開架実用　最小	接架している人の背後を通行できる
1.65	開架実用 開架常用	接架している人の背後をブックトラックが通行できる
1.8	利用者の多い開架	人と車椅子がすれ違うことができる
2.1	利用者の多い開架	車椅子同士でもすれ違うことができる
2.4		下段が突き出している書架が使用できる

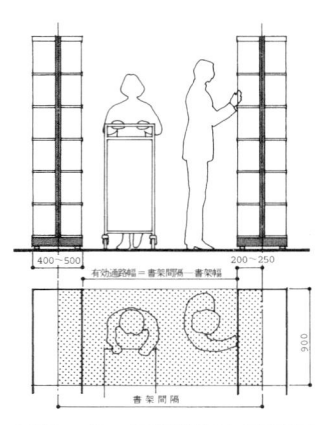

図Ⅲ−1　書架間隔と通路幅

利用者やブックトラックを押した職員が通るだけの間隔が必要である。利用者の滞留の少ない書架では書架間隔は狭くても支障はない。したがって同一の閲覧室内で複数の書架間隔をとることもあり得る。第二は使用する書架の形状である。書架の奥行きが深ければ有効通路幅は狭くなる。下段が突き出している書架も同様である。第三は書架の連数であり，長く連結する場合には，書架間隔を広く設定する方が使い勝手は向上する。

　閲覧座席スペースは一か所にまとめて設けるのではなく，さまざまな場所に，いくつかの形式に分散して配置し，利用者の利用目的や好みに応じての選択ができるようにする。

イ．児童開架スペース

　児童スペースを区画された室として設けるか否かは図書館ごとの判断による。専用室であれば子どもらしい雰囲気をもたせた部屋とすることができるし，ある程度の騒音は

容認される。逆に一般開架と一室形式とすれば，将来の改変に対する空間の融通性が高くなる，移行期の子どもたちや親子連れの利用に好都合などが利点である。しかし，児童はやはり騒音を発しやすいから，入口から成人部分を通らずに行ける位置に，レファレンススペースなどとは離して配置する，上部に吹抜けを設けないなどの配慮が必要である。

児童スペースは幼児から中学生程度まで幅広い年齢層の利用者があり，体格と利用対象とする資料の差は大きい。したがって，資料は絵本・紙芝居，読みもの，知識の本・文学書の3群程度に分けて，それぞれにふさわしい形状の書架などと，利用対象者の体格に調和した机・椅子を配置する。なお，絵本・紙芝居ゾーンでは親子連れへの対応も考慮する。

ストーリーテリングなどお話し会用のスペースを，利用時のみ可動間仕切りなどで仕切るコーナー方式とするか，遮音できる専用室とするかは，それぞれに利点があり，個々の図書館のサービス方針に基づき選択すべきである。

児童部門には専任の職員のためのデスクを，全体が見通せる位置に設ける。

児童用の便所は幼児から小学校低学年程度を対象として，上記のデスクの近傍に専用で設けることが望ましい。

いくつかの図書館では隣接させて児童書を研究する成人のための室またはコーナーを設けている。

ウ．学級訪問対応スペース

館内に学級単位での調べ学習利用に対応する学級訪問対応スペースを設ける例が増えてきている。1学級規模の児

童・生徒が一度に図書館のオリエンテーションを受けたり，調べ学習ができる机および白板や映写設備など関連機器を備える。

エ．青少年コーナー（ヤングアダルトコーナー）

児童スペースの延長と位置づけるか，一般開架への入門と位置づけるかで館内における位置は異なるが，後者の方が一般化しつつある。特に設けないとする考え方もある。専用の領域を設ける場合には対象者にふさわしい資料と座席を用意する。閲覧席のほかにグループで会話のできる室を設けるなどサロン的な要素を加えることも考えられる。

オ．参考資料，地域・行政資料コーナー

調査研究のための参考資料と専門雑誌，地域・行政資料，地図等を配架する。静かに調べものに専念できる環境とする。研究個室やグループ研究室を設けることも考慮する。

レファレンスデスクは，利用者の目に付きやすい位置に配置し，利用者の相談・質問に答え，調査・研究の支援をするとともに，利用者と向き合って資料を拡げたり，パソコンで CD-ROM やインターネットが利用できる形態とする。

コピー機やプリンターは騒音を発生するので遮音の仕切りを巡らしたブースを設ける。

カ．視覚障害者スペース

入口から分かりやすく，行きやすい位置に，視覚障害者のための大活字本や録音資料，点字資料などの資料と，利用座席のスペースを設ける。対面朗読室，録音室，点字用パソコン・プリンターを備えた作業室を設ける。対面朗読室にあっても外部の光がとり入れられる位置とする。

キ．新聞・雑誌スペース

　新聞およびポピュラーな雑誌のスペースは，開架閲覧室内の環境のよい場所，例えば窓外の緑が眺められる所に設ける場合と，利用者が多いことから入口に近い位置に配置する場合とがある。ソファなどを置きくつろいだ雰囲気で利用できるようにする。

ク．視聴覚資料コーナー

　ビデオ，CDなどの視聴覚資料はマイクロ資料などとまとめてコーナーを形成することが多い。しかし，資料のマルチメディア化への対応として，これらを主題別に分けて他の資料と混配させるとともに再生機器についてもそれに応じて適度に分散配置するのが良いとする考え方もある。

　コーナーを設ける場合には，視聴覚資料を陳列する家具とこれらを視聴するためのブース群とで構成する。提供方式には1)展示架には空のケース等を並べてカウンターでの出納を伴ういわば閉架式，2)このコーナーまたは図書館の出口に検知ゲートを設けることを前提に実物を展示架に並べるいわば開架式，および館内での利用に限定して3)自動送りだし装置に納める方式がある。

　ブースでの視聴には1)カウンター内に再生装置を置く送りだし方式，2)利用者に再生装置を操作させるセルフサービス方式，そして3)自動送りだし方式がある。いずれの方式をとるかは管理のしやすさ，職員の作業量，予約方式の運用のしやすさなどを勘案して決定する。

　また，借り出す資料を短時間だけ試視聴したいという利用者用のために専用のコーナーを設けることも考えられる。

ケ．インターネットサービス・コーナー

　インターネットサービス提供館が増えてきている。現時点では数台をカウンターの前やごく近傍に設置している館が圧倒的多数である。予約と利用状況の把握がしやすい，不適切なサイトへのアクセスを監視しやすい，利用者に助言しやすいなどがその理由とされている。また，設置テーブルはパソコン1台が乗るだけの広さのものが多く，活字資料を広げながらインターネットも利用できるという環境を提供している館は少ない。

　これからの公共図書館が，市民の調査研究に資することに重点をおくためには，館内に多数のインターネット接続パソコンを分散配置して，活字資料を閲覧している過程でインターネットからも情報を得るといった利用ができるようにすべきである。その際には画面のプライバシーに配慮した設置や活字資料との併用に適した広さの机など利用環境に注意する必要がある。

　また，今後は，インターネット利用に習熟した利用者が増加するであろうから，館が提供するパソコンは初心者用および短時間利用者用として手助けしやすいカウンターの近くなどにまとめて配置するとともに，調べもの利用者には活字資料と併用できるような位置に配置し，加えて，利用者自身の持込みパソコンを接続できる環境を用意することが適当といえる。なお，館内に無線 LAN を設置して，館内のどこでもパソコンを使用できるようにすることも考えられるが，キーボードの騒音を嫌う利用者もあることから，パソコン使用可能ゾーンと不可ゾーンとを分けることが求められる。また，その際にあっても業務用パソコンは

情報セキュリティの確保上，有線接続とすべきである。
コ．資料検索専用パソコンの配置

　資料検索専用パソコンの利用のされ方には，来館してただちに求める資料を検索し目的の書架へと向かう利用と，開架書架群の中で求める資料が見つけられないとか他の資料の閲覧中に新たな資料を求めて検索を行う利用との大きく二つのパターンがある。したがって資料検索専用パソコンは入口近傍と開架書架群や座席群の中とに分散して配置するのが合理的である。

サ．読書室

　静かな部屋で長時間の読書をしたいという利用者は増加している。従来は館内全体に静粛さを求めていたが，今日のように常に多数の在館者がいる館内には常時一定の騒音があると考えた方がよい。そのため，北欧などでは静粛さを求める人が利用する読書室と呼ばれる区画された部屋を設けている例が多い。

シ．公開書庫

　ある程度利用度の低下した資料のために，利用者の自由なアクセスを許す公開書庫を設けることが一部の図書館で試みられている。浦安市立中央図書館の「本の森」が代表例である。これにより広い書架間隔が必要な開架書架には利用頻度の高い資料だけを並べることで必要面積の縮小を図り，同時に閉架書庫からの出納量を軽減させる効果が期待できる。

ス．自習室

　高齢者から幼児までが来館目的によって選択できるような多様な閲覧空間を備えた図書館は，多くの利用者から支

持されているが，季節や時間帯によってはほとんどの閲覧机が自習目的の学生に占められてしまうとの苦情も聞かれる。また，生涯学習時代になり資格取得のために図書館で受験勉強に取り組みたいとする社会人も増えている。そのため，面積に余裕がある場合には，専用の自習室を設けそこに受け入れることで，一般利用者の座席を確保する自習者分離方式をとる館が増えてきている。閲覧室とは入口も別に設けた専用の自習室とする方法のほか，ドアや通路の設け方を工夫することで，静かな読書室，パソコン使用室，社会人の自習室などとしても融通使用できるようにした例もある。

　自習目的で訪れた学生にも適切な資料を提供することは図書館の任務であるから，席利用だけでなく，資料利用に誘導するような位置と雰囲気をもたせることが要件である。

③集会室・研修スペース
ア．基本事項

　集会部門の構成は館ごとに異なるが，多目的に利用できる視聴覚ホール，複数の集会室・研修室などであり，ロビー，便所，湯沸かし室，倉庫なども付設する必要がある。利用者のグループの図書館資料を伴う活動のためにグループ活動室をこのゾーンに設ける例も増えている。

　集会部門の平面計画にあたって注意すべきは，利用者動線の問題である。一般に集会部門はいわゆるノーチェックゾーンに配置すべきである。特に大きな集会室を設ける場合には，集会の前後に多数の人の流れに伴う騒音が発生し

がちであるから，閲覧部分との動線の分離は欠かせない。しかし，小集会室で図書館の資料を利用した読書会を行いたいなどという要望に応えて，前記の自習室同様，通路とドアの工夫により，目的に応じて閲覧室側からも集会スペース側からも使えるようにした例もある。

イ．ボランティア・ルーム

　複数のグループが使用することもあるので，鍵のかかるロッカーや物入れ，机・椅子，ミニキッチンなどを備える。この部屋はグループ活動室の一種と位置付け，集会・研修ゾーンに設けるべきで，業務部門の中に設けてはならない。

④書庫

書庫の館内における位置については，レファレンスデスクなど出納請求の発生する箇所とのつながりに留意する。とりわけカウンターやデスクを担当している職員が書庫に出向いて資料を取り出してくる方式をとる場合には，職員の動線ができるだけ短くなる位置に設ける必要がある。

　書庫内のステーションと請求カウンター間を何らかの搬送設備で結ぶ場合には，書庫はどこにあっても良いことになるが，その設備費および保守管理の容易さからも，搬送経路が複雑にならないような位置関係で配置することが望ましい。

⑤業務部門

ア．事務室

　図書館の事務室には執務スペースと作業スペースとが必要である。小規模図書館ではこれらをすべて1室で行えるようにするのがよい。規模が大きくなるにつれそれぞれが

独立した部屋を備えたり,部門ごとに専用室をもつこともある。

小規模図書館では総合サービスカウンターの背後に事務室を設けることが効率的であるが,中規模以上にあっては絶対的な条件とはいえない。

また,中規模以上の館にあっては職員専用の会議室を設けることが望ましい。

イ.館長室

館長室の計画はその図書館における館長の位置付けに左右される。館長の行政部局内での職階により個室とすべきかが議論されることがあるが,その職務内容から応接室を兼ねることがあっても個室として設置すべきであろう。館長室は,サービスと管理運営の責任者として,事務室に近く,かつ館内の主要室が直接見える位置であることが望ましい。

ウ.移動図書館関連室

移動図書館用の図書は開架室の図書と別扱いにして移動図書館用書庫に置く方式と,別扱いにせず開架室の図書の中から積み込んでいく方法とがあるが,前者の方が多い。団体貸出用図書の書庫を兼ねることも多い。

移動図書館の作業室は,移動図書館用書庫と車庫に隣接している位置に設ける。積み下ろし時には大きく開放され一体として作業できることが望ましいが,一方で,車の出入り時に車庫には外気が吹き込むので他の部屋の環境条件に影響を与えない配慮が必要である。

車庫は分館との物流を担う巡回車の駐車場としても,また作業室は配送センター機能を兼ねることも多い。

エ．スタッフラウンジ

食事や休憩，小規模な会議のためにスタッフラウンジは必ず設ける。必ずしも事務・作業室に隣接させる必要はなく，自然光の入る環境のよい場所に配置するのが望ましい。

オ．その他

職員用には上記のほかに，更衣室，職員用便所，移動図書館職員のためのシャワー室などが設けられる。また，館内清掃など一部の業務を委託する場合にはその職員の控室が必要である。

3.4 サービスポイントの配置

カウンターの配置および数を考える場合，一つの例として一般カウンター，レファレンスカウンター，児童カウンター，視聴覚資料カウンター，そして地域・行政資料カウンターのように，各サービスごとに独立したカウンターを設置し運用することで，よりきめ細かなサービスを提供する方法がある。しかし，多くのカウンターを設置すれば，それぞれに職員を配置しなければならない。効率的な運用を図るには，できるだけカウンターの機能と数を集約して，集中管理ができる体制を作ることが必要である。

とはいえ，今後の図書館サービスのあり方を考えた場合，中小図書館であっても児童サービスとレファレンスサービスには専用のカウンターを設ける必要があり，その上でそれ以外の役割をまとめた総合サービスカウンターを設けることとしたい。

総合サービスカウンターの役割はたいへん重要である。こ

こでは，あらゆる資料の貸出しと返却処理を行うとともに，利用登録の受付，クイックレファレンス，読書相談，予約サービスを行う。最近の先進的な図書館では総合的な案内をする相談カウンターを設置し，利用者が声をかけやすいようにしている。まずこの相談カウンターで利用者の求めるものを把握し，初期的な対応をする。そしてレファレンスや障害者サービスなど，より高度な対応が求められる場合には，その都度それぞれ適切な職員に引き継ぐことにする。このためにはサービス全体を熟知した職員が，相談カウンターに常に配置されていることが前提である。

　総合サービスカウンターの位置は開架室全体が見わたせ，人の出入り・動きが把握でき，利用者からも分かりやすく近づきやすい位置が望ましい。

　カウンターの背後には，返却された本のためのブックトラック置き場，予約本のための書棚など，収納と作業のためのスペースを確保する。背後に事務作業スペースが設けられていればカウンターの繁閑に応じた体制がとりやすく好都合である。隣接しない場合には，固有の業務処理のためのワークスペースをもつ必要がある。

　返却だけの来館者にも対応できるよう，返却カウンターをBDSゲートの内と外との境界に設ければ，返却担当の職員がゲートが警告を発した際の対応に当たることが容易になる。

　また，貸出カウンターや相談デスクは長大なものではなく，利用者が親しみやすい個別形式のものを複数用意するのがよい。

3.5 ブックポスト

　利用者が閉館後や休館日などでも図書館資料を返却できるように設置する。利用者用入口の近傍の壁に返却口を取り付け，館内側に資料を受けとる回収箱を置く方式が一般的である。火のついたタバコを投げ入れたり，館内側で返却された資料を持ち去るなど悪質ないたずらに備え，施錠できる鉄製扉を備えたブックポスト室として設けるのがよい。

　検討課題はその設置位置と回収箱の容量である。前者は利用者が寄りつきやすい位置であり，回収箱を返却作業スペースへと搬送しやすい経路が確保できる位置が要件となる。後者は，回収箱が満杯になる恐れのある年末年始など長い休館時にどのような措置をとるかによって異なる。長い休館時には回収箱を置かず床にマットを敷くなどして容量の拡大を図る例もあるが，資料が痛む危険性が高い。

　運用上の検討課題は，開館時にも使用させるか否かである。1利用者当りの貸出資料点数が無制限であれば問題ないが，貸出点数に制限を設けていながら，開館時にも使用させる場合には返却された資料を迅速に処理しないと次の貸出ができないことになってしまう。ICタグシステムを用いて返却ポストに読み取り装置を付けている図書館（長崎市立図書館）や返却資料をベルトコンベアで返却カウンター近辺に自動搬送する仕組みを備えた図書館（結城市立ゆうき図書館）もある。開館時に使用させない場合は，返却口の扉を施錠できるようにしておく。

　また，破損を恐れてビデオテープなど視聴覚資料はポストへの返却を許していない館も多い。

郵便ポスト型のものを駅前（立川市立図書館）やスーパーマーケットの駐車場（島根県斐川町立図書館）など，利用者が多く立ち寄る場所に設置している例もある。

参考資料
1) 日本図書館協会施設委員会編『図書館建築を考える―既存施設の転用例を中心に―』第 28 回図書館建築研修会資料，日本図書館協会，2006.
2) 日本図書館協会施設委員会編『図書館建築・既存施設からの転用を考える―学校から図書館にみる現状と課題―』第 30 回建築研修会資料，日本図書館協会，2008.

4章 館内環境の計画

4.1 図書館家具

　図書館の家具は，資料利用の便・不便に直接かかわると同時に室内空間を創りだす重要な構成要素である。つまり利用者の図書館の使い勝手と印象を決定づける。したがって家具は，実用性，堅牢性，美しさ，安全性，保守管理のしやすさなど個々の性能と，家具全体の統一感，建築との調和，そして価格などを総合的に判断して，設計・選択されなければならない。

　評価の定まっている既製品があればそれが望ましい。見て触れられるし，価格も安く，追加購入も容易である。しかし，一般に図書館専門家具の多くは受注生産品であるから，仕様や素材が既製品に準じていれば，特別デザインであっても費用は大きく変わらない。特別デザインの設計に際しては，図書館側が使い方の細部にわたる検討を行い，設計者に指示する。

　なお，家具の種類と数が多いこと，専門家具であることなどから，通常の公共建築物での家具費を上回る予算額を確保しておくことが必要である。

(1) 書架

　両面から使用する書架を複式書架，片側からのみ使用するものを単式書架という。書架は主要構造材から木製とスチール製に分けられる。わが国では木製書架が好まれる傾向が強い。木に対する親しみ，下段を突き出したり角を丸くするなど個別注文に応じやすいことなどがその理由である。しかし，よい材料を使用し上質な加工の木製書架は価格が高い。スチール製は比較的安価で強度と耐久性があり，自由な塗色が選べる。現場組み立て（ノックダウン）方式のため構成部材を一度に搬送できるから，主要部を工場で組み立てる木製書架よりも輸送コストを軽減できる。複式のスチール製書架には，中央の支柱のみで棚板を支える単柱式と，複数の支柱を用いる複柱式とがあり，大型で重量のある資料を配架するには複柱式の方が適する。

　スチール製書架の上部や側面に木製のパネルを取り付けたり，スチールの棚板を木材で被覆したものなど，木の質感とスチールの強度という両方の利点を活かした書架も採用例が多い。また棚板にアルミ板を用いる書架も出現している。

　『出版指標年報2008』によれば児童書を除く69,000点の新刊書の判型別出版比率は，A5判（21cm×14.8cm）が31.1％で最も多く，以下B6判（18.2cm×12.8cm）29.1％，B5判（25.7cm×18.2cm）10.8％の順である。A4判（21cm×29.7cm）は最近その数が増加する傾向にあるが全体では10％以下である。この図書構成からは指の入る余裕をみて，棚板有効高さを28cm奥行を19cmとすればほとんどの図書が収納できる。

　一般成人が無理なく手の届く高さは180cm前後で，これは

上記の棚板間隔の書架では6段に相当し，一般的な開架書架スペースには7段以上の書架は使用してはならないことを意味している。また，最下段は図書が見づらく取り出しにくい。これらから，人間工学的に好ましい書架は，6段の書架で最下段を使わないものといえる。下段の図書を見やすくする工夫として，下段を前方に突き出すことも行われているが，書架間隔を広くする必要がある。

　カウンター前などで視線を通すためには4段以下が望ましいが，目よりも低い位置に図書が並び取り出しに腰をかがめる必要のある低書架は人間工学的には必ずしも使いやすいものではない。低書架は，大型図書などを納め天板上で拾い読みや筆記をする際に便利なもので，参考図書架などそのような利用が考えられる場所や，視線を通す必要のある場合などに使用を限定すべきである。

　強い地震に対する書架の転倒防止策としては，並行配列で自立させる高書架には1)頭つなぎを用いてお互い同士を緊結する，2)床に打ち込むアンカーボルトを用いて書架脚部を床に固定する方法のいずれかまたは両方を施す。頭つなぎがうっとうしいとの理由で床固定のみに頼る場合には，書架そのものを剛性の高いものとする必要がある。書架の連方向の揺れに対しては，スチール製書架では支柱間に筋交いを施す。木製書架の場合には背板がその役割を担う。強い地震時には低書架も動き回る危険性があるから床に固定する。壁に沿って立てる単式書架は壁との間を緊結する。

　書架の固定によって，書架レイアウトの変更には大規模な補修工事が必要となり，書架を自由に移動することはできなくなる。安全性を確保するという目的のために，配置替えの

自由度がある程度制限されることはやむを得ないといえる。なお，木製書架が耐震上有利な根拠はない。木製書架を使用する場合にも，床固定や頭つなぎなどの耐震対策を必ず行う必要がある。

　面積当りの収納効率を上げるために用いられるのが集密書架である。可動式書架連の駆動方式により電動式と手動式に分けられる。書架群全体として接架できる人数が限定されるから，その使用は書庫内や大学図書館などに限定される。予めレールを埋込む必要があること，床にかかる荷重が大きなものとなることに注意を要する。

　並行に配列したスチール製書架の支柱を利用してその上に鉄板の床を張り，下層と同じ位置に書架を積み上げるのが積層式書架である。法令により2層までと制限されている。鉄骨柱で補強することで第2層に集密書架を並べる方法もある。近年，火災時の基準が厳しく適用され，第1層の書架支柱と2層の床材を耐火性の高いものとすることが求められる。

(2) 雑誌架

　今日，雑誌は種類も非常に多く，利用者にもよく利用されている。情報の新鮮さ・豊富さからポピュラーな雑誌を調査研究的に利用する人も増えてきている。雑誌架は新着と未製本バックナンバーを配架する家具である。要件は利用者のために表紙面を見せる工夫と収納効率の両立である。しかし，雑誌は総じて薄く形状も多様であるため扱いが難しく，未製本バックナンバーを探しやすく管理しやすい状態で配架することも容易ではない。上部の数段を新着の表紙見せ方式とし

下段にバックナンバーを納める型式や，扉に新着を陳列し背面にバックナンバーを収納する型式などさまざまな形態のものが考案されているが，まだまだ改良の余地は多い。

(3) 閲覧机

　閲覧机の形態や寸法にはさまざまなものがあるが，利用者は机の端部を占める傾向が強いという観察結果からは1人掛けまたは4人掛けがよい。1人掛けは広い面積（3.3m^2／人，6人掛けで1.6m^2／人）を必要とする。4人掛け以上の机上の中央や隣席との間に50cm程度の高さの仕切り板を取り付ければ，利用者の占有感が高まり，中間の座席にも着席者が増える。しかし，空いている時はいろいろな資料を広げて使える多人数掛けの平机を好む利用者も少なくないので，種々の形態の机を組み合わせて，利用者に選択の余地のある机配置をすることが望ましい。また，高い照度を求める人のためにデスク・ランプを設置したり，パソコンを利用できるように情報コンセントを装備することもある。

　1人掛けの机面に仕切り板を巡らしたものをキャレルという。前板に棚を設け，使用中の本などを置けるようにする。

(4) 椅子

　椅子に関しては図書館だからといって特別な要件はない。長時間の読書，筆記などの行為に適するためには，座面が適度に堅く平らなことが条件であるが，あとは美しさ，耐久性，価格などから選んでよい。ブラウジングスペースや休憩スペースには，座り心地のよい椅子，ソファ，スツール，ベンチなどを置く。椅子は定評ある既製品から選ぶことがよく，そ

の選択に当たってはできるかぎり実際に使用してみることが必要である。

(5) カウンター

　利用者との接点であり，職員の活動の中心，資料の集結場所であるカウンターの機能・形状は，その図書館の特質にあったものでなくてはならず，この意味で，建物と同様に一品生産的なものである。カウンターの高さ，甲板の広さ，引きだし等の形状は，職員の作業効率と快適性，利用者の使いやすさに大きくかかわるため，それごとに慎重な検討が必要であり，その決定には職員が積極的に関与すべきである。

　目に付きやすい位置に置かれるものであり，大勢の人が使うものであるから，使い勝手が良く堅牢で安定感があり美しいデザインのものがよい。その上，カウンターに要求される機能，周辺の機器類も時代とともに変化するから，可変性への対応力も要求される。

① 大きさ：カウンターの奥行きは対面する館員と利用者の会話距離と，資料を手渡す距離を考慮して決定する。一般には55～60cmが適当とされている。幅は職員1人当たり2.5m程度が適当とされるが，個々に設定すべきものである。

② 高さ：カウンターの高さは作業に適していることはもとより利用者と職員の目の高さができる限り一致するように設定するのがよい。立姿勢の利用者に対しては職員も立姿勢がよく，高さは1m前後とし利用者側にカバンや手提げ袋を置く部分を設けるのが適当である。レファレンスデスクなどで，利用者も着席する場合の高さは70cm程度を標準

とする。児童や車イス利用者に対する配慮も忘れてはならない。

職員が着席し利用者が立姿勢という場合には，70cm 程度の高さを基本とし，必要に応じ立姿勢の利用者が筆記できる部分（上置き台など）を設ける。利用者側を一段高くするいわゆる 2 段カウンターとする例があるが，図書の受け渡しに労力を要するので好ましくない。

③甲板の素材：貸出・返却カウンターなどで多くの本がやり取りされると甲板は急速に摩耗することがある。また甲板上のすべりの悪さは館員の疲労を増す原因ともなる。そのほか，手触りのよさ清掃の容易さなどカウンター甲板に要求される性能は多様であり，その材料の選択には慎重でありたい。

(6) 絵本架・絵本箱

絵本は形や大きさがさまざまで，薄く自立しにくい，背からは内容がつかみにくいなど，配架のむずかしい資料である。

写真Ⅳ-1 絵本箱

雑誌架と同様に，表紙を見せることと収納効率を両立させる工夫が必要になる。高さ120cm程度の範囲内で，階段状の棚に絵本を立てかける型式が多い。下部を通常型の書架のように使用する場合には，絵本は倒れやすいので，棚板を仕切り板などで20cm程度の間隔で区切るべきである。［写真Ⅳ－1］のように上からとり出す絵本箱形式もある。

（7）新しい機器とシステム
　①自動貸出機・自動返却機
　貸出の手続きを利用者自身が装置の指示に従って行うのが自動貸出機である。従来からのバーコードラベルに対応したものと，ICチップを用いたラベルに対応したものとが存在する。特に，後者は一度に複数冊を処理できることから，ICチップを用いた資料管理システムの採用館では標準装備品ともいえる状況にある。貸出カウンターの近辺だけではなく，館内の各所に点在させている館もあり，高い利用実績であると報告されている。

　自動返却機は，返却処理とともに再配架のために資料のおおまかな分類を自動で行う機械設備である。国内では現在3つの公共図書館（長崎市立図書館，さいたま市立中央図書館，岡崎市立中央図書館）でそれぞれ異なるメーカーの装置が実用に供されている。

　②ICチップを用いた資料管理システム
　ICチップを用いて非接触型で個別の物を識別することを，無線通信を利用した自動認識技術（RFID：Radio Frequency Identification）という。ICチップとアンテナを内蔵したカー

ドをICカード，粘着シートに貼り付けるなどして物に貼れるようにしたものをRFIDタグという。ICカードとRFIDタグはそれ自体CPUとメモリを備えたいわば小型のコンピュータである。そのため，照合等の認証機能があり不正な読み取りを拒否したり，読む相手に応じて読み取らせるデータの範囲を制限するなど，さまざまなアクセス制御ができる。ICカードやRFIDタグとバーコードラベルとの最も大きな違いは，バーコードは読み専用でありスキャナーで一つずつ読まなければならないのに対して，格段に大容量の情報を記録できる，同時に複数のICチップ内の情報を読み書きできる，タグが見えている必要がないので汚損やはがれる心配がない。さらに，タグとリーダとが正対する必要がなく不整形や動くものでも読み書きできるなどである。

　図書館において利用者証をICカードとし，図書など資料にRFIDタグを貼付して資料管理と貸出・返却などの利用者サービスに利用するシステムが実用化されている。このシステムは，蔵書タグを汚損の恐れのある表紙面に貼る必要はない（しかし実際には表紙面の館名を表記したラベルの裏面に貼付されていることが多い）。複数の図書の貸出・返却を一度に処理できるため，自動貸出機，自動返却機の使用が容易になる。また，RFIDタグはある程度離れた距離から読み取れるので，ハンディスキャナーを向けながら書架の間を歩くだけで棚管理ができ，これまでは数週間かかっていた蔵書点検が数時間程度で終了する。不正持出しを検知する装置のための付加的な仕組みを図書に組み込まなくてよいから貸出返却手間及び処理ミスの節減が図れることなどが期待されている。

近年，インターネットを介したWeb予約の利用が増加し，それに伴う業務の増加が図書館の大きな課題となっているが，RFIDタグへの電力供給アンテナを巡らした棚に予約された本を並べ，利用者自身が探し出せる方式も実用化している（府中市立中央図書館）。

　このシステムのさらなる普及には解決すべき課題も残されている。第一はICチップの価格が高いことであるが，普及が進めば安価なものとなろう。第二はRFIDタグのメーカーごとに特定周波数の専用のリーダ・ライタを用いるため互換性がないことで，後々のタグメーカーの変更が許されないことや他図書館の図書は読めない可能性がある。第三は長期間情報の読み書きを繰り返すことに伴うICチップとタグの寿命である。加えて，貸出・返却処理，入退館ゲート，蔵書点検のためのハンディスキャナー，自動貸出・返却機など，総合システムを成す周辺機器を精度の高いもの，使いやすいものとすることも今後の課題である。

③自動書庫

　鉄骨で組み立てたラックに積まれた大量のコンテナを管理する立体自動倉庫装置を図書館用に改良したものである。1コンテナに60冊程度収納された本に出庫請求がなされると，自走式クレーンが本の入るコンテナを運び出し，水平・垂直搬送機を経て，請求のあったステーションに自動的に届けられる。所要時間は数分で職員が書庫に取りに行く手間と時間を軽減する。

　自動書庫の利点は，利用者が求める本を迅速に提供できる，コンテナを高く積み上げれば面積当りの収納効率が高い，書

庫内に人が立ち入らないので，災害時の人的被害を防げる，同じ理由から空調・照明を最小限にできる。また，通常書庫ではある分野の棚が満杯になると，大量の本を移動させる作業が発生するがこの必要はないなどである。

しかし，職員が書庫内で収蔵図書について探索することができないという指摘もあること，価格，維持管理費が高いこと，床荷重が大きくなり建設コスト増になることから，導入に際してはその効果について精査すべきである。

4.2 環境要素の計画

(1) 光環境計画

太陽光により明るさを得ることを採光，人工光源により明るさをもたらすことを照明という。快適な室内環境を得るためにも省エネルギーからも，採光と照明を調和させ適正な明るさを得るように計画する。しかし，太陽光は時刻や天候により安定しないことや到達範囲に限界があること，直射光は読書や図書に悪影響を与える恐れがあることから適切な制御が必要である。とくに眺望や開放感を求めて南面や西面に窓を設けると，まぶしさや低角度の西日を嫌ってブラインドなどが下ろされたままの状態に陥りがちであるから，庇など建築上の配慮は欠かせない。

照明は，単に読み書きに必要な明るさを提供するのみでなく，空間の雰囲気づくりに寄与する。全般照明と局部照明を適度に併用したり，直接照明と間接照明の組み合わせ，蛍光灯と白熱ランプの使い分けなども効果的である。

よい照明計画の条件は1)用途に適した適正な照度，2)ムラ

のない明るさの分布，とくにグレア（明るい光源が視野に入るなどまぶしさによる見えにくさ）の防止，3)望ましい光色と演色性，4)器具費，設置費および電力消費の経済性，5)電球の交換など維持管理のしやすさ，6)器具自体の美しさの確保である。

　日本工業規格（JIS）には作業に要する推奨照度が示されており，読書のそれは 500 〜 750Lx（ルクス）程度とされているが，高齢の利用者が多いことなどからより高い照度が推奨されている。

　開架書架スペースにおける照明計画では，均等な照度分布を得ることが第一の要件であるが，大規模な大学図書館のように開架書架スペースの面積に比して接架する利用者数が少ない場合には，人感センサーなどを用いて部分的に点灯することも検討すべきである。そして書架最下段まで十分な照度（500Lx 程度）を確保することが第二の要件である。具体的には，通常の天井高の下では書架間隔の中央に書架列と並行に配置する直接照明方式が最も効率がよい。そのほか，ルーバー天井の裏に照明器具を設置し天井面全体を光源とする光天井方式や，書架上部などに乗せた照明器具から天井面を照らし反射光により室内を照明する間接照明方式は，照明効率は低くなるものの，おだやかで均等な明るさを得る手法である。

　吹抜け下など天井が高い場合には，高輝度ランプを用いたスポット型器具の使用や天井面から照明器具を吊り下ろす方法のほか，書架の頭つなぎに照明器具を取り付ける方式などがあり，近年，書架の上部に照明器具を設置して書架面を照明する書架付け照明方式も実施例が増えている。

(2) 温湿度環境計画

　閲覧室・事務室では用途に即した生理上の要件を満たすことに尽きる。室温は 18 〜 22 ℃を基準とし，女性や高齢者が多い場合には若干高めに設定する。また，夏季には戸外温度に準じて室温を上げる。なお，図書館は幼児から高齢者まで多様な年齢層の利用者があること，人によって快適と感ずる温度は異なることに配慮する。

　同一の室内ではできる限り均一の温度分布とする。特に出入り口での外気の吹き込みや窓付近での温度変化に注意する必要がある。そのため，部分的にコントロールできるシステムとする。

　天井の高い閲覧室や吹抜けを設けると，暖めた空気は上に冷気は下に集まるから，ランニングコストの点からも，床吹き出しや床暖房などいわゆる「生活域冷暖房」方式により，コントロールされた空気が必要な部分に行き渡るように計画する。

　在室者の存在によって空気は汚染されるので適量の新鮮空気を供給する。冷暖房に要するエネルギーの多くはこの新鮮空気を適温にすることに使われるから，新鮮空気の取り入れ方には注意を要する。そして室内の空気がよどみなく循環するよう吹出し口，吸込み口の位置に注意する。

　書庫では恒温恒湿（22 ℃ 55 ％程度）に留意し，室外の温度変化に影響されない位置や床・壁仕上げとする。書庫と閲覧室・事務室との温湿度の差が著しいと本を傷めることになるし，出納に当る職員の健康にも不適当である。そのため，厳重な保管を要する一部の資料を除いた一般書庫の室内環境は，閲覧室などと同じかあまり差がないように設定する。

そのほか，館内の空調は事務室内などで集中的に管理できることが必要であるが，集会室などは使用時間帯だけ空調できるようにするなど，部分ごとにコントロールできるシステムとすることが欠かせない。

(3) 音環境計画

音環境の計画では，まず外からの騒音の侵入を防ぎ，次に館内での発生騒音を発生と拡散を防ぐことで良好な音環境をつくりだす。

館内の騒音源と主な対策は次の3種である。1)歩行音：床と履物とが発する音で，床材の選択に尽きる。2)会話音：利用者どうしの会話はモラルの問題である。職員と利用者間の会話は，ある程度容認されるべきであるが，レファレンス室内などで，それが他の利用者の支障になる場合には，相談デスクの配置などに工夫するとか，相談デスク近傍に遮音できるブースを設けた例がある。3)機器からの発生音：コピー機のモーター音，プリンターの音，電話のベル，空調の吹出し音などがある。騒音発生の少ない機種の選択やコピー機やプリンターはついたてを巡らせたブースの中に設置するなど，発生した音が拡散する前に吸音することややむを得ず発生した音は遮音する。

これまで図書館では静粛さを強く求める傾向があったが，在館者数の増加した今日の図書館では，特別な閲覧室を除いて，適度な騒音の分布は親しみやすさを増すと考えるべきである。低音量で音楽を流すBGM（バック・グラウンド・ミュージック）は，音で騒音を聞こえなくするマスキング効果を意図した手法である。

図書館のみならず公共施設全般で，最近大きな課題となっているのは携帯電話への対応である。図書館でも「館内では使用禁止」として通話，メール送受信とも禁止する館，メールの送受信のみに限定する館，通話ボックスを館内に設置する館などさまざまな対応がとられている。音楽ホールなどでは妨害電波を発信して強制的に受発信を不能にする例もあるが，このためには電気通信事業法上の無線局としての免許が必要になる。「マナーモード」への設定を求めることは当然として，発話はエントランスホールやラウンジ内などに限定することや，大規模な閲覧室にあっては遮音できる通話ボックスを設置することが現実的な対応策といえよう。

(4) 防災計画

　建物における災害は非常災害と日常災害に，またその原因から自然災害と人為的災害とに大別できる。床での転倒や階段での転落，ドアに手を挟むなど日常の事故の危険性の少ない建築とすることによって，非常時の安全が確保されると考えるべきである。

　人命にかかわる災害への対策は法令により細かく規定されている。特に図書館は館内を熟知していない人も含め不特定多数の利用者がある施設であるから，屋内外の建築要素・設備・仕上げ材などについて，高い安全性が求められている。その上で，職員の安全性への認識および災害時の避難誘導訓練，そして防災設備の点検など日常的な努力が求められる。

　建築基準法は火事の拡大を防ぐために 1,500 m^2 以内ごとに防火区画するよう定めている。そのためより広い面積の開架閲覧室を設けたり，吹抜けを介して上下階への延焼が可能な

場合には,不燃の壁や有事に自動的に作動するシャッターや鉄扉などを設置して区画できるようにしなければならない。この場合でも,シャッターの下にブックトラックを放置するなど,作動の支障となることがあってはならない。

スプリンクラー設備は火災を検知すると自動的に散水するもので,これを設置することで防火区画面積を拡大できる。しかし,配管からの漏水の恐れなどから図書館には不向きといえよう。書庫にはガス消火設備が装備されることもある。消火ガスは人体に有害であるから点検は欠かせない。

4.3 サインの計画

サイン計画は図書館の使いやすさを左右する重要な要素であるが,最も忘れられがちな事項の一つでもある。サイン計画は個々の形状,表示内容,文字の書体・大きさ・レイアウトから,設置個所,取り付け方法,照明の当て方などに及ぶから,建築設計にも反映できる段階から検討を開始する。

サインは建築や家具との調和が求められ,図書館ごとに独自の要求もあるから,ごく小規模な図書館を除いて,既製品から選択するよりもオリジナルデザインとすべきである。デザインには,サービス方針や利用者ニーズをふまえ図書館側が主導権をもって当ることが大切である。また,サインは見本品を造ることが容易であるから,最終決定の前に実物大模型で検証するのがよい。

(1) サインの種類

図書館でのサインはその表示する内容によっては大きく次

の5種に分類できる。

①案内：全館や階別に全体像を示し，各部の位置関係を明らかにするもの。総合案内，各階案内，掲示板など
②誘導：目的事物への方向を示すもの。矢印サイン
③識別（定点）：事物の名称や場所を示して他と識別させるもの。館名，階数，室・コーナー名，書架内容サインなど
④指示（規制）：禁止・規制，避難・誘導など
⑤説明：利用説明，操作法説明など

また，設置方法別に分類すれば，常時表示する固定的なものと必要な時にだけ表示するものとに分けられる。

（2）サイン計画における留意点

①システムとしての統一性・連続性

入口から目的の場所へ，そして書架から閲覧スペースやカウンターへという利用者の行動をスムーズに誘導し，利用者が必要な時に必要な情報を容易に得られるように一貫したシステムとして計画する。

②見やすく，分かりやすく，美しい表現

子どもから高齢者まで，サインは見つけやすく（視認性），分かりやすく（伝達性），美しい（造形性）ことが大切である。利用者に理解されにくい専門用語は用いない。文字や絵文字は奇をてらわず読みやすく分かりやすいものを使う。

③サインの設置個数は少なく

情報伝達を文字や絵文字だけと考えない。例えば，壁や床の色，明るい照明などもサインの要素になる。革張りのソフ

ァを置けばそこが他と異なる雰囲気の場であることを伝える。

④サインの制作が容易で互換性が高いこと

　図書館は時を経るに従い，サービスの内容が変化し，指示すべき内容も変わってくる。開館してからサインの必要性に気づくこともある。また，書架に配架される資料の分類区分などは比較的頻繁に変化するため，書架サインの表示もその都度変る。これらが図書館において館員手作りの貼り紙サインがあちこちで見られる原因でもある。

　図書館のサインは後々の書き加え，書き替えや移設への対応が容易であること，新たな制作に多くの費用がかからないことが，サインシステムを維持していくうえ大切である。そのためには，各種の文字，表記方法，寸法，取付け方法等を規格化し，書き加えや新たな制作の際にも統一が保たれるように仕様書を作成しておく必要がある。

参考資料
1)『出版指標年報 2008』全国出版協会出版科学研究所，2009.

5章 図書館の維持管理，安全性確保

5.1 はじめに

　図書館に求められるサービスは，高度・多様化している。生涯学習の普及やネットワークサービスの高度化を背景に，様々な支援サービスも求められ，図書館と図書館建築をとり巻く環境の変化・変容は大きい。一方で不安定な経済状態が続き，公的サービスでも民間サービス同様合理化が課題となり，図書館もまた在り方の見直しを迫られている。

　このような環境にあって，図書館は居心地のいい情報拠点となることと同時に，コストバランスにも配慮された，長く安全に使える「価値の高い」施設であることが求められている。規制緩和といわれる反面，建築基準法等，図書館建築に関係する法律はむしろ強化され，企画・設計の段階で要求される内容は，より広範で高度なものとなっている。本章では，コストバランスを図り，誰もが安全に利用できる図書館をつくるためのポイントについて概説する。

5.2 維持管理，省エネのポイント

(1) ライフサイクルマネジメント（LCM）

　バブル経済期に建設された建物の運用に，毎年多額の費用を要し施設経営やサービスを圧迫しているというニュースは，民間施設でも公共施設でも耳にすることである。イニシャルコストつまり建設にかかるコストだけでなく，ランニングコストも重要であるとの認識は年々高まり，環境やエネルギー問題からも「ライフサイクルマネジメント」が求められている。

　ライフサイクルマネジメント（LCM）とは建築物に限らず製造業等で広く用いられている言葉である。建築の場合は，建設物の構想・計画段階から供用期間を経て解体に至る全期間にわたって，建築の機能・効用を維持かつ向上させつつ，地球環境への影響やコストを抑制することを目的に，企画・設計・施工・管理を総合的に行う方法と定義できる。ライフサイクルコスト（LCC）は建物の予定寿命をまっとうするまでにかかるトータルコストのことを指す。企画・設計コスト，建設コスト，維持・管理コスト，解体・廃棄処分（リサイクル）コスト全ての合計がライフサイクルコストである。なお，土地代を含める場合もある。建設コストが注目されがちであるが，光熱費や管理費，設備機器類の更新や修繕にかかる竣工後の維持・管理コストの方が建設費より一般に大きい。

　鉄筋コンクリート造の場合，原価償却資産としての寿命からみれば50年とされる。ただし戦後の建設動向では，耐震基準の改正・強化，設備の高度化，社会的要求の変化に追随できず，20 〜 30年程度で寿命を終えている建物も多かった。

この年数は欧米の建物の寿命と比べてかなり短い。これからの図書館は，より長期間の使用に耐え，ライフサイクルコストの合理性を図ることが求められている。また，経済合理性だけではなく，図書館は多くの人が利用する施設であるから，文化の継承という点からも，長く愛される建物でありたい。

(2) 長寿命で維持管理しやすい図書館
①長寿命化

施設の長寿命化はライフサイクルマネジメントに直結し，同時に「環境にやさしい」ことでもある。そのため第一に構造体が堅牢であることが求められる。5.4の「自然災害への備えと非常時の対応」でも触れることだが，耐震性能の安全係数を高めることは，長寿命化のゆとりにもつながる。

次に維持管理しやすくニーズの変化に対応するために「ゆとり」が望まれる。敷地面積に始まり，床面積や階の高さ，荷重の想定等，大きなフレームにゆとりがあることが望ましい。10年先の変化でさえ予測が難しい時代であるからこそ，敷地面積にゆとりをもつことは，増築を想定した配置計画が可能となり，床面積のゆとりはサービスの拡充に対応しやすい。むろん，コストバランスのマネジメントであるから，ライフサイクルコストを見据えた，入念な計画の積み上げが必要となる。3章3－1の(6)図書館の成長・変化に対応できる長寿命型の建築で記しているように，フレキシビリティをもった計画が重要である。

階高のゆとりとは，設備の配管・配線が納まる天井ふところのゆとりを指す。構造体の寿命に比べて，機械類や設備配管の寿命は短く，15年〜20年程度で更新が必要とされるも

のが多い。また，機械室等の設備機器まわりのゆとりスペースは，設備類の点検・修理・更新に必要である。機械の更新を前提とし，特に熱源機械・空調機械・変電設備などの大型機械については，搬出入のルートを忘れてはならない。

仕上げ材についても，防水・屋根・外壁・内装材等，改修の時期を長期運用計画に見込むべきである。

②維持管理しやすい

日常の清掃や点検が容易であることは，施設の長寿命化のために重要である。更新や改修時期のサイクルを長くすることにも役立つ。これをおろそかにすると，清掃コストや不慮の施設トラブルで割高な出費となりかねない。

仕上げ材については清掃しやすいことに注意すべきであるが，特に床材については，転倒事故や歩行感，音，キャスターの走行性とも関連するので，慎重に選定すべき部分である。

また，ガラス面にも特段の注意が求められる。ガラスの性能や工法の進歩もあって，ガラス面を大きく設けた建物が増えているが，しばしば清掃への配慮を欠いたものを目にする。ガラス自体は安定した堅牢な材料であるが，清掃は欠かせない。汚れにくいディテールと清掃方法を考慮して設計する必要がある。また，日射方向には注意すべきで，特に西面に大きくガラスを用いると，空調負荷が大きくなり，次項の「省エネルギー」に逆行する。資料を保護する上でも，直射日光が本にあたるような計画は避けるべきである。

照明器具は灯具の交換が容易であることに留意する。吹抜け上部など高い天井に設置する場合は，昇降装置付の照明器具とするなど，メンテナンス方法まで検討する必要がある。

また，IT機器類やAV機器類は更新の頻度が高いため，コンピュータやAV機器が配置される部分の床をOAフロアとして，床下に配線スペースを設けることは一般的要件といえる。

(3) 省エネルギー

地球温暖化が問題視され，エネルギー消費の抑制や，CO_2等の温暖化ガスの排出抑制は世界規模の課題となっている。台風（ハリケーン）や干ばつなど，大きな自然災害が発生しているが，地球環境問題と無縁とはいえない。

省エネルギー意識は1970年代のオイルショックを契機に高まり，第2次オイルショックの年1979年に「エネルギーの使用の合理化に関する法律」（略称：省エネ法）が施行された。1992年には国連地球サミットで「持続可能な開発（Sustainable Development）」が提唱され，1997年には，温暖化ガスの排出抑制を目標とした京都議定書が作成された。省エネ法は4回にわたって改正・強化され，2,000m^2以上の図書館は省エネルギー措置の届出が必要である。

1970年代から比較すると，低燃費・高出力の技術は格段に進歩し，ハイブリッドカーが走り，LED（発光ダイオード）照明も住宅に使われるようになった。しかし，1970年代には贅沢品とされた冷房装置は車にも住宅にも一般化し，国全体ではエネルギー需要は増大傾向にある。

図書館は一般に大きなフロア面積を持つため，天井を高くしたり，吹抜けを設けることが多い。これは快適な図書館空間を作るうえで連続性や一体感などに貢献するが，冷暖房や換気のランニングコストや点検・清掃等の維持管理費には不利に作用することが多い。デザインに偏重することなく，ト

ータルなバランスが求められる。省エネルギーの手法を整理すると次のようになる。

①エネルギー負荷の抑制

　機械にたよる前に，建物の遮熱・断熱・蓄熱・自然換気等を行うことで，エネルギー需要を減らすことが重要である。1970年代からソーラー・システム等，太陽エネルギーを活用する手法が住宅を中心に研究・開発された。ソーラー・システムには動力・機械を使用する「アクティブ」な方法と，動力・機械を使用しない「パッシブ」な方法とがある。後者の発想で太陽エネルギーを取り込むことや，逆に遮ることは省エネルギーの基本的手法である。遮熱には庇・ルーバーなどで，太陽の直射熱を低減することが代表的な手法であり，樹木による日射コントロールも有効である。これは，軒の深い日本家屋の建築手法の延長ともいえる。また，屋上緑化は遮熱及び断熱の効果も期待できる。

　1990年代になると，住宅建築において「高気密・高断熱」が注目されるようになって来た。この手法は寒冷地の防寒の手法であったが，局所冷暖房でなく，建物全体を快適に保つために有効な手法として一般化した。1970年代は学校などの公共施設には，外壁面に断熱措置をしないことが一般的であったが，現在，熱負荷の低減の点で，断熱性能は重視されている。

　太陽光を上手に活用することは，照明の電力消費に影響することであるが，熱負荷の点では，ガラス面は熱を伝えやすい。ペアガラス等の2重ガラスは省エネ効果が大きく，新築住宅での採用はかなり普及している。また，熱線吸収ガラス

や熱線反射ガラスなどの選択肢もある。ガラスを多用した図書館が増えているが，開放感と建設コスト・ランニングコストのバランスが問われる部分である。

②機器効率・システム改善

高効率の機器を最適配置することが基本である。排気の熱回収，空調制御のハイテク化，省エネ型照明・自動点滅等，機器類の性能は進歩している。

太陽光発電，風力発電といった自然エネルギー利用のシステムも増えている。現段階でトータルコストのメリットは評価の難しいところであるが，災害時対応の観点からは停電時の非常電源として期待される。石油エネルギー供給の問題から，バイオ燃料や次世代エネルギーが注目され，さらなる技術進歩が望まれている。夜間電力による蓄熱等も使い方によって意味があるが，電力供給バランスなど，総合的判断が必要である。

③省エネ意識

こまめに節電や節水することである。空調の温度設定や，開館前後の照明や空調運転など，職員が省エネ意識を持って施設を運用することもまた重要である。

(4) PFI と LCM

ライフサイクルマネジメントの上で注目されるのが PFI（Private Finance Initiative）方式である。イギリスで始まった社会資本整備の民間事業化のことで，わが国では 1999 年 7 月，通称「PFI 推進法」と呼ばれる「民間資金等の活用によ

る公共施設等の整備等の促進に関する法律」が整備され，急速に導入実績が増えている。公共図書館も例外でなく，桑名市立図書館が第1号（2004年10月開館）である。

PFIでは，事業期間全体を通じてのライフサイクルコストが，事業者選考の際の重要なポイントとなるため，公共施設の整備・運営のコストを縮減する効果も期待されている。

5.3 安全性確保を図る設計と運営

（1）ユニバーサルデザイン

建物の安全性への認識は，かつては幼児・高齢者・障害者対応に限定して考えることが多かったが，利用者全てを対象とする安全性への認識は高くなった。法的には1994年に施行された通称ハートビル法[1]で具体的な指針が示され，公共交通機関をメインの対象とした交通バリアフリー法[2]がその後施行された。現在はこれら2つの法を統合・拡充された，バリアフリー新法[3]の定めがある。この法でも「高齢者，障害者等」という線引きの感があるが，健常者にグルーピングされる人達にも，乳幼児・妊婦・体調不良の人・ベビーカーを押す保護者など，安全性への配慮が求められる人達は多い。

ユニバーサルデザイン[4]という言葉が広く使われるようになったが，この考え方は，「できるだけ誰にでも分かりやすく使いやすい」ことを目標としており，特定の弱者を対象とした概念ではない。

図書館は不特定多数の人が利用するため，高齢者・障害者に限らず，皆が安心して利用できるようにするよう努めなければならない。バリアフリー法に基づき，都道府県など各自

治体が，より具体的に「福祉」や「人にやさしい」あるいは「ユニバーサルデザイン」と冠した「まちづくり条例」が示されている。

　図書館は当然，法規制を受ける建築物であり，バリアフリー新法や条例に沿った措置がまず求められる。バリアフリー新法に示されていることを概説すると次の事項である。

　出入口の幅
　廊下等の幅員・仕上げ
　階段・傾斜路の幅員・点字ブロック
　階段の寸法・手摺・つまずき防止策等
　傾斜路又は昇降機の設置
　傾斜路の寸法・勾配・仕上げ
　昇降機の安全策
　トイレの高齢者・障害者等が利用するための措置
　敷地内通路の構造
　駐車場の車いす使用者用駐車施設の設置
　標識・案内設備・案内設備までの点字ブロック

　これらに加え，図書館サービスとして，現在，概ね一般的に配慮されていることは次のとおりといえよう。

　車いす・ベビーカーの設置
　対面朗読・録音室の設置
　授乳室の設置
　書架や机・カウンター廻りの車いす利用者に配慮した寸法やデザイン

トイレ内での乳児ケアの措置
　AED（自動体外式除細動器）の設置

　対面朗読室など，地区館クラスの小規模館では，設置が難しいものもあるが，ユニバーサルデザインの観点からきめ細かい配慮が求められる。トイレ内では，大人の更衣にも使える，多目的の折りたたみシートや，オストメイト（人工肛門や人工膀胱の手術を受けた人）対応も見られるようになった。また，誰でも緊急時に使用できる救命装置AEDの設置が一般化している。
　分かりやすい施設であるために，明快な施設のゾーニングや，適切なサイン計画が重要となるが，このことは，次に述べる「安全な環境」にも通じることである。

(2) 安全な環境
①セキュリティー
　図書館における安全（＝セキュリティー）には人の安全と資料の安全，そして情報の安全が要求される。そのため事故や災害から，そして犯罪や問題利用者からも防衛・保護する用意が必要である。（自然災害からの安全については後の5.4で述べる）
　最も重要な「人の安全」について，法では建築基準法や消防法等で，地震や火災等から人を守り，転落等による事故を防止するよう多くの定めがある。防火措置や防火区画，警報装置や消火設備など，法に基づく措置は多岐にわたる。また，エレベータなど機械のトラブルによる事故防止にも詳細な定めがある。

しかし，法の定めをクリアすれば安全だとは限らず，建物内での事故は意外な所で起こることが多い。厚生労働省の統計では日常災害（不慮の事故）による死亡者数は，溺死（主に浴室）を除くと「同一面での転倒」が一番多い。「階段からの転落」や「建物からの墜落」より多いのである。

　また，家具の鋭利な角や，ガラスが凶器になるケースもあるので，家具のデザインや固定方法，ガラスの飛散防止措置など，細かな注意が求められる。

　人的問題では，図書館での問題行動（問題利用者）に対する米国での奮闘ぶりが報告されているが[5]「他山の石」とは言えない。デリケートで扱いの難しい問題であり，職員の対処方法が重要となるが，施設計画としては，無意味に死角を作らず，人の目が行き渡りやすくすることが有効である。監視カメラも有効だが，それが不要な図書館であることが本来は望ましい。

　「資料の安全」については，図書の紛失を避けるためのブックディテクションシステムなど不正持ち出し検知装置は，新しく建てられる図書館では一般化している。また夜間警備装置も普及している。

　「情報の安全」では書誌情報や個人情報等を，ウィルスから守り，漏洩を防ぐことが主であり，システム設計や運用の課題であるため，ここではあまり触れない。什器備品の点で付言すると，プライバシーの保護には注意が必要である。貸出カウンターのモニターが第三者に見えないようにすることは，図書館員も気にすることである。その点で自動貸出（返却）装置やブックポストはプライバシー保護にも役立っているといえる。

5章　図書館の維持管理,安全性確保………87

②衛生的環境

　省エネのために，住宅建築では高断熱・高気密化が進んだ。その過程でクローズアップされたのが「シックハウス」である。そして後を追うように「機械換気」が必要とされるようになった。シックハウスとはホルムアルデヒドに代表される建築材料に含まれる揮発性有機化合物（VOC）が，健康に悪影響を及ぼす現象で，住宅にとどまらず「シックビル」「シックスクール」等の問題にも及んだ。

　この問題から建築基準法は2003年に改正され，シックハウス対策の定めが具体的に設けられた。居室を有する建物全てが該当するため，図書館も規制の対象となる。現在，VOCの含有のかなり低い材料が流通するようになっているが，安全な建築材料の選定と計画的な換気がポイントである。

　また3,000m^{2}以上の図書館は，ビル衛生管理法（建築物における衛生的環境の確保に関する法律）に定める特定建築物となり，維持管理について環境衛生上配慮することが求められる。空気環境の調整，給排水の管理，清掃，ねずみ等の防除が主なポイントである。

(3) サービスしやすい環境

　利用に障害のある人を施設上の措置だけでサポートすることには限界がある。例えば，点字ブロックを館内に巡らすことは，ブックトラックの移動の障害になるため，外部からカウンターまでの誘導にとどめることが一般的である。そのため人のサポートが必要となることが多く，人的サービスをしやすい環境を施設的に配慮する必要がある。

　「スタッフの増員を」と言っても，多くの図書館において

人件費の確保は容易ではない。貸出（返却）業務の自動化やICチップの進展，規模によっては自動書庫の導入等で，職員の業務をより利用者に密着したサービスに転換させたい。

利用者に目の届く環境を作るため，他の章でも強調しているように，カウンターの位置や形状は重要である。メインカウンターの位置は入口付近にあってサポートしやすいことが求められる。規模が大きくなると，複数のカウンター（デスク）が必要となり，総合案内用・児童用・レファレンス用等のカウンター（デスク）の配置が適正であることが重要である。

利用する立場からは，主要歩行ルートが明快であること，エレベータ・階段・トイレの位置が分かりやすいことは一般原則である。迷路のようになったり，極端な死角を作ることは避けるべきである。普段意識しないことであるが，分かりやすいということは，非常時に避難しやすいということでもある。

ボランティア・市民グループ・NPOなどの活動が効果的な役割を持つため，その活動内容を把握・想定し，拠点を準備することも必要である。従って企画段階からサービス目標・運営方針を具体的に立て，市民グループと話し合うことも重要である。

また利用に障害のある人達の需要を把握することも望まれる。現況で利用者が少なくても，利用しづらいために来ない場合があるので，教育や福祉の関係者とも連携が必要である。

5.4 自然災害への備えと非常時の対応

(1) 建設地の特性を知る

　災害は忘れたころにやってくる。地震（津波），水害（洪水・高潮），火山活動，豪雪など，地域の災害記録をチェックすることは重要である。気温・降雨量等の気象データ，地質データ，水害予測データ等，敷地の危険度をチェックすることは，敷地選定の段階ならば，選定のポイントの一つとなり，敷地が決まっている場合でも建物の計画に影響する。地質・標高・急傾斜地・近傍の河川等は必ず調査すべき要素である。構造計画や水損防止にもかかわる事項である。

　災害予測については，まず地震時の震度予測の研究成果を把握したい。国は地震調査委員会を設置して，1995年より日本各地で地震が起こる危険度を確率で示し警告している。また，水害についてもハザードマップ，つまり危険地区を具体的に地図で示している自治体は増えている。

(2) 災害に強い図書館
　①地震

　阪神淡路大震災（兵庫県南部地震，1995年）では公共図書館・学校図書館でも甚大な被害があり，書架の耐震性など図書館の安全性について見直しがされた。また2003年には，東北地方東部及び北海道南部の地震，さらに2004年には新潟県中越地震で多くの図書館が被害を受けた。

　阪神淡路大震災が発生した年の暮れ「建築物の耐震改修の促進に関する法律」が施行された。この法は住宅も含め広く耐震改修を促進する目的であるが，3階建て以上かつ $1000m^2$

以上の図書館は，特定建築物として強く安全性が求められている。構造体が旧基準の建物は耐震診断並びに必要な補強工事が急がれているが，いまだに実施されていない建物が多く残っている。

　図書館は庁舎や学校等と同様に，震災時に機能を保持する必要があるため，耐震性能を法の規定より2割増し程度とすることが一般に行われている。

　内部では，家具類の床・壁への固定は必須である。揺れを防ぐ補強（頭つなぎなど）も有効とされている。落下して危険な物がないか設置物にも注意すべきである。

　免震構造も有効と思われるが，コスト的には上部構造体がスリム化できることを差引いても，安価なものとはいえない。大型の病院・庁舎など災害時にも機能すべき施設や，研究所など危険性の高いものに採用例は多い。大きな地震被害が警告されている地域や軟弱地盤に建てざるえを得ないような場合には，採用を検討する価値はあると思われる。

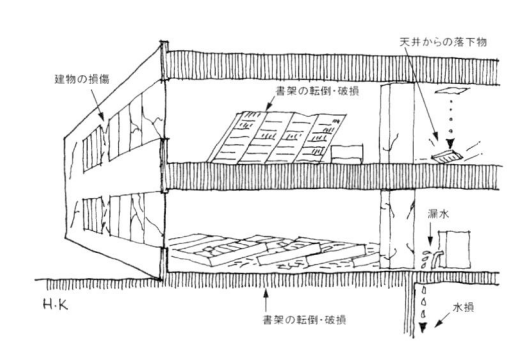

図V－1　図書館における地震被害のイメージ

②火災

　東京消防庁のまとめによる出火原因（2002年）は「放火（疑いを含む）」を筆頭に，「たばこ」「ガステーブル等」「火遊び」と続く。全件数6,672件のうち上位4種の原因が66％を占める。このデータからは，図書館の火災発生リスクは低いように思われ，紙が大量に蓄積されている図書館ではあるが，近年の図書館での大きな火災事故の報告例はない。しかし地震に伴う火災も警戒しなくてはならない。消防法に規定される警報設備・消化設備・非難器具類を設置し，建築基準法に規定される耐火性能や防火区画は適切に設計されなければならない。また，燃料やガス類の可燃物の貯蔵・配管は充分な安全性を確保する必要がある。

　歴史を振り返ると，本の大敵は戦争かもしれない。政変による焚書，空襲による焼失など，人間の愚かな行為の前では本はもろい。繰り返さないことを信じたい。

③水害

　図書館では水は大敵である。古くは1953年，久留米市立図書館は洪水により書庫内が1.5m浸水し，約1万冊の被害となった。阪神淡路大震災では水道系統・消化設備・空調系統の配管の破損で，床が水びたしになり，書架から落ちた本が水損している例が複数ある。2003年の飯塚水害（北九州）では開架12万3千冊のうち，約7割（視聴覚資料も含む）が水に浸かる被害を受けた。2004年には新潟県と福井県で水害が発生し，複数の図書館が被害にあった。2005年には東京の局所的豪雨で，半地下の図書館の冠水被害が発生している。

　泥を含む雨水に浸かると，多くの資料を失い，電気系統の

図Ⅴ-2 雨水に浸った本の山 写真：2005年 川島宏

復旧も大変である。水から守るためには、まず敷地の特性を知る必要がある。水害に安全な敷地選びが望まれることはいうまでもないが、広域的に不利な地域もあるだろう。水害が懸念される場合、地下室を設けない、床高さを高くする、敷地の排水計画を慎重に行うなど、設計上の注意が必要である。しかしながら記録的な災害のニュースを見ると、過去のデータが安全ラインとは限らず、さらに高い安全率が求められることになる。

(3) 非常時に備える
①人を守る

災害に対しては、まず人命を守ることが第一である。近年、公共図書館で開館時に巨大地震が発生した例が少ないため、「本当の怖さを知らない」と胆に銘じたい。しかし、大きく報道はされていないが、2004年北海道留萌地方で発生した地震では、公民館の図書室で倒れた書架の下敷きになり、肋骨

5章　図書館の維持管理,安全性確保……93

を折る事故が発生している。

　火災に対しては，防火管理者を定め防災計画を作成することが消防法で定められている，避難誘導の訓練や初期消火訓練等が必要であり，非常時の連絡体制も重要である。消火器・消火栓・避難器具などの位置や使用法を把握し，救命訓練もぜひ行いたい。

　日頃の注意として，防火戸や防火シャッターが非常時に閉鎖するのに障害となるものを置かないことがあげられる。2001年9月新宿歌舞伎町のビル火災（44人死亡）では，防火戸が作動しないなど管理上の問題が多く，被害を大きくした。

②資料を守る

　2004年，福井市立みどり図書館が受けた水害では床上20cmまで浸水したが，約3万冊の図書を移動させ，水から守ったとのことである（福井新聞）。連絡体制や職員の適切な判断は重要である。地震の二次災害（火災・水損）も手当てが迅速なら，被害を少なくすることは可能と思われる。

③避難の場所にも

　公共施設の使命として災害避難場所となることも想定される。図書館も庁舎・体育館・集会施設等の施設と同様に，災害時に避難や復興の用途に使われる場合がある。阪神淡路の震災では，避難所となった図書館があり（日本図書館協会調査），寒中にあって被災者が本を敷布団代わりにしたともいうし，2004年の新潟県中越地震でも，図書館や図書室がある公民館が避難所となった（新潟県立図書館調査）。同年の集

中豪雨で水が浸入した美山町立図書館（福井県）は，2階に公民館があって，ボランティアの拠点として活用されたという（筆者電話調査）。近傍に避難先となる公共施設が無い場合は，図書館の災害時の役割はより大きくなると想定し，建物の安全性だけでなく，防災用の備品にも注意を払いたい。

注
1) ハートビル法（略称）「高齢者，身体障害者等が円滑に利用できる特定建築物の建築の促進に関する法律」1994年施行
2) 交通バリアフリー法（略称）「高齢者，身体障害者等の交通機関を利用した移動の円滑化の促進に関する法律」2000年施行
3) バリアフリー新法（略称）「高齢者，障害者等の移動等の円滑化の促進に関する法律」2006年施行
4) ユニバーサルデザイン　米国人ロナルド・メイス氏が1985年提唱
5) ベス・マクニール，デニス・ジョンソン編　中野捷三訳『図書館の問題利用者　前向きに対応するためのハンドブック』日本図書館協会，2004.

附：1995以降の図書館にも被害のあった主な災害

1995年	兵庫県南部地震（阪神淡路大震災）
2003年	三陸南地震
	宮城県北部の地震
	十勝沖地震
2004年	新潟県・福井県他，集中豪雨
	新潟県中越地震
2005年	首都圏の集中豪雨
2007年	新潟県中越沖地震

6章 図書館建築の設計事例

6.1 はじめに

　設計という行為には，人や組織それぞれに固有の傾向があろうが，同じ回答はない。ひとつとして同一の与条件はないからである。そのプロジェクトならではの特性や，求められる建築の働きを知ることから，設計は始まる。

　最近の図書館はプロポーザルにより設計者が選定されることがほとんどなので，図書館員や市民との直接対話の前にひとつの提案ができ上がることになる。多大の選択肢（可能性）から一案に絞り込むことの重み――。もちろん設計打ち合わせにより精査する機会はあるものの，時間の制約やイメージの固執などから，すべてを白紙に戻すまで立ち返ることは稀である。

　それだけに重要なのが『図書館計画書（基本計画書）』である。運営面での基本的な考え方，重点項目，規模算定の根拠，全体構成や諸室に求められる機能などの，ソフトからハードに渡る与条件を総括して把握できる，ほぼ唯一の手立てが『図書館計画書』といえ，建築家はそこから手がかりを見出していく。

　同時に，敷地や周辺環境，気候，風土，歴史などを調査す

96

る。建築が都市を形成する要素となる以上，敷地内だけの視点を越えた都市への配慮は必要である。特に，公共図書館は複数のサービスポイントのネットワークにより，その自治体全域へのサービスを行うので，ハード面でも都市や共同体のなかでのあり方を考えることは必然となる。

6.2 実際の設計現場

　一般的にいえば，敷地は狭い方が多い。限られた条件下で盛りだくさんの機能をまとめなければならない。しかし，さまざまな制約がなければ思い通りの図書館ができるのか，制約により次善の策に甘んじなければならないか。経験からいうと，そうとは限らない。

　例えば，限られた敷地のなかで，開架スペースをワンフロアに収めたい，その一方，駐車場は1台でも多く確保したい，というせめぎあいが起こる。然るべき規模の駐車場を確保したうえで，「全ての機能を1階に配置したいが収まらない，何を2階に上げざるを得ないか」という選択の岐路に立たされる。重要なのは，その後の展開である。

　問題点を整理し，解決策に四苦八苦する過程を通してはじめて気づくこと，他例を調べて確信を得ること，口角泡を飛ばして市民も図書館員も建築家も共通認識を高められるなど，総合的にみれば，七転八倒のなかから「その図書館が重視すること」が立ち現われてくる。例をあげれば，階の振り分けに伴う部門ごとの関係性，閉架書庫のあり方，ゾーニングを決める優先順位などに，その図書館の役割や重点サービスが投影される。そして，そのような設計のプロセスに参加

した自覚を持つ人が多ければ多いほど，オープンした後に愛着を持って使いこなす姿勢は継承される。このことの持つ意味はとても大きい。

　以下では，筆者が設計を担当した図書館の中から，大規模都市の中央館の例として「ほんぽーと新潟市立中央図書館」，地方中小都市の単独館の例として「日進市立図書館」，地方中小都市の地区図書館の例として「あきる野市東部図書館エル」の3件について，設計の根拠とした点をプロセスを追って振り返ることとする。

6.3 事例－1「ほんぽーと新潟市立中央図書館」

　図書館サービス網（18図書館＋29図書室）の中核として，35万点の大規模開架部門，45万点の閉架書庫を持ち，物流基地の機能も強化した図書館である。

①都市にあって──図書館の骨格ができるまで

　JR新潟駅から約700mの至近距離にありながら，商業地を外れた閑静な住宅地に立地する。緑地を増やす整備計画が進行する駅からの途中に，緑と光の豊かな「東公園」がある。駅から図書館へと，緑の潤いがつながっていく都市像の実現に向け，背骨のような中心軸「スパイン」がこの建築を貫く構成を提案した。突き当たりのガーデンが，延伸する緑の印象を強調する。

　「スパイン（背骨空間）」を中心に据えた2つ目の理由は，周辺住宅地に調和させるための"ブレークダウン"にある。「スパイン」が南と北に棟を分ける。加えて階ごとのセット

新潟市立中央図書館
新潟市中央区明石2-1-10
敷地面積：9,913.87㎡
延べ面積：9,132.13㎡
構　　造：ＲＣ一部Ｓ造
階　　数：地上３階
蔵書収容力：
開架35万点/閉架45万点
座席：730席
　（学習室約200席を含む）

正面外観：中央にみえるエントランスの奥に，スパイン（中心軸）が続く

スパイン（背骨空間）を横からみる。大規模な開架スペースにあって、天井を他と変えている。手がかり空間としての視認性が、さまざまな分野の書架群を歩き回るうちに自分の居場所がわからなくなる現象を抑える。ここに、図書館員と利用者の接点となる各カウンターを集中させ、機能面でも存在感を強調する。

窓側は褪色が激しいので書架群を中央部におく。逆に、人にとっては快適な空間なので「緑の渚」と名付け、さまざまなタイプのデスクと椅子を多く配している。外の緑はかつての小学校の記憶を継承するヒマラヤスギ。南面であるが庇とあいまって、ブラインドを降ろす必要はなく、明るさと景観を享受できる。

6章　図書館建築の設計事例………99

A.敷地に残る「記憶」の尊重

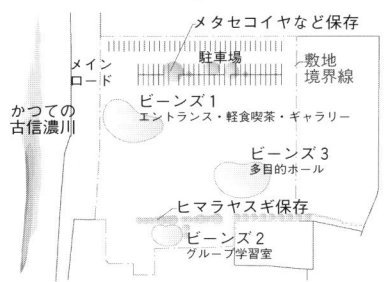

- メタセコイヤなど保存
- メインロード
- 駐車場
- 敷地境界線
- かつての古信濃川
- ビーンズ1　エントランス・軽食喫茶・ギャラリー
- ビーンズ3　多目的ホール
- ヒマラヤスギ保存
- ビーンズ2　グループ学習室

1. 既存樹木の保存を前提にした配置計画
2. かつて古信濃川で遊んだ小学生たちの記憶
  →ふれあいを促す機能を3つの「ビーンズ」にまとめ、水のイメージで表現

B.住宅地にあって

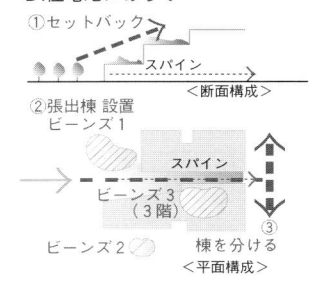

①セットバック
　スパイン
　＜断面構成＞

②張出棟 設置
　ビーンズ1
　スパイン
　ビーンズ3（3階）
　ビーンズ2
　棟を分ける
　＜平面構成＞
　③

1. 緑の雰囲気が続くように、スパイン(背骨空間)を中心軸に
2. 巨大に見せない①〜③の工夫で、ブレークダウンする

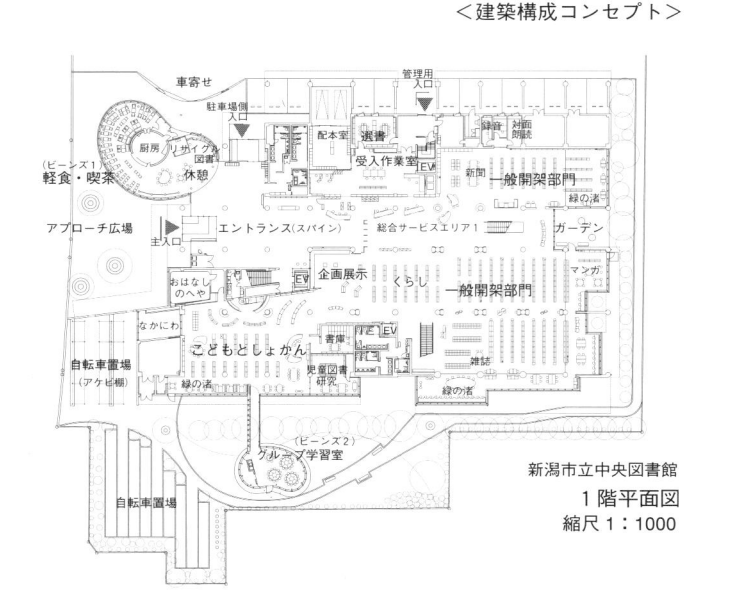

＜建築構成コンセプト＞

新潟市立中央図書館
1階平面図
縮尺1：1000

基本モジュール
7.2m×10.8m

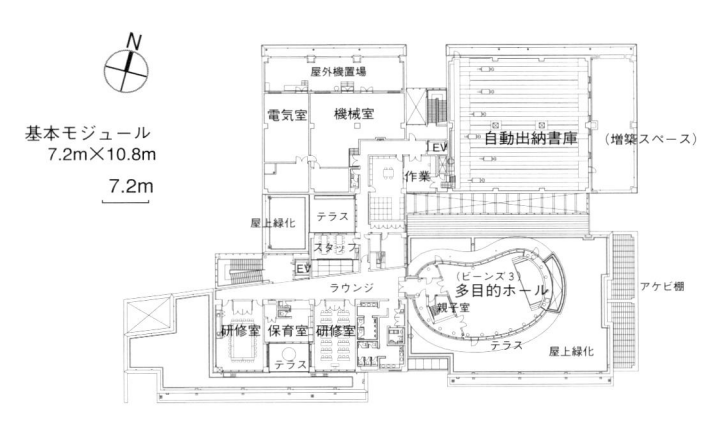

屋外機置場
電気室　機械室
自動出納書庫　（増築スペース）
作業
屋上緑化
テラス
スタッフ
ラウンジ
（ビーンズ3）
多目的ホール
控室
アケビ棚
研修室　保育室　研修室
テラス
テラス
屋上緑化

3階平面図
縮尺 1：1000

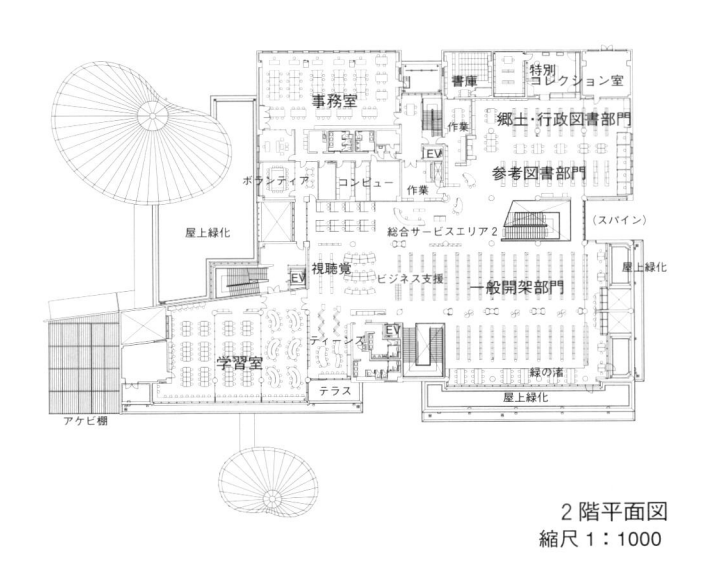

事務室　書庫　特別コレクション室
郷土・行政図書部門
作業
ボランティア　コンピュー　参考図書部門
作業
屋上緑化
総合サービスエリア2
（スパイン）
視聴覚
ビジネス支援
一般開架部門
屋上緑化
学習室　ティーンズ
緑の渚
テラス
アケビ棚　屋上緑化

2階平面図
縮尺 1：1000

6章　図書館建築の設計事例………101

バック（2階・3階になるにつれ，壁面が後退するので大きく見えない）や，かつて校門前に流れていた古信濃川の水のイメージを形にした3つの離れ屋「ビーンズ」を点在させることなどにより，全体を小割りにして住宅のスケールに近づけることを企図した。

　限られた土地の利用手順として，まずは旧長嶺小学校のシンボル樹であったメタセコイヤ，ヒマラヤスギの並木の保存を優先した（他の樹木も可能な限り移植）。樹間に100台の駐車場を確保後の建設用地に全体面積を収めるには3階建てが要る。その階の配分にあたり開架スペースを1，2階に収めることにこだわった。3層にまたがると，利用者もサービスする側も，使いやすさ，省力化の点で格段にマイナス点が増えるからである。

　この構成を可能にしたのが，基本計画書による自動書庫であった。書庫を3階に集約でき，1，2階は利用者と図書館員，人と本との出会いの場に徹底できた。ただし，閉架書庫のブラウジング（図書館員が接架して関連本も含めて探せる）ができなくなる問題については，特に必要性の高い郷土資料，および児童書用に，それぞれサービスデスク背後に別の集密書庫を確保することで対応することになった。

　中央館としての書庫出納は2009年2月現在，200冊／日を超え，すべて人手で行うと今でも常時2～3人は必要とされる計算になり，さらに増えつづけることが予想される。中央館としての使命と，財政諸問題とのバランスを勘案すると，厳しい条件下でのひとつの選択であったと思われる。

②図書館を活性化させるための全体構成

「スパイン（背骨空間）」を設ける第3の理由は，開架スペース内のどこにいても自分の所在を把握しやすい"手がかり空間"が欲しかったことにある。35万点の開架スペースは広く，書架が視界を遮ることもあって，使いこなすには人それぞれに相当の時間を要するであろう。まずは，空間把握の容易さがなじみやすさを導く。ここでは，背骨となる「スパイン」の天井の高さと照明方法を他の空間と変化させ，識別しやすくした。そして，その背骨に直交するあばら骨のように，書架群を同じ向きに配置し，どの書架間からも「スパイン」が見通せるようにした。配架は一筆書きのように単純化され，分野間の変化にも対応しやすく探しやすい。窓側は，本の褪色が激しいので書架は避ける。逆に，人にとっては外の緑を楽しめる快適な空間なので，「緑の渚」と名づけ，閲覧・読書席を多数配置した。

また，「スパイン」に貸出・返却カウンターおよびレファレンスデスクなどのサービス拠点をまとめたことも，"手がかり空間"としての効果を高めている。その背後には，予約本棚を多く用意した整理作業室，自動書庫ステーション，配本室，事務室などサービス部門を動線短縮に配慮しつつ集約させ，物流拠点としての合理性にも配慮した。

③各部門のつながりについて

多様な市民が，ひとつの施設内で快適に過ごし，それぞれの目的に応じて自由に使いこなせるためには，ハード面でも様々な工夫を考えなければならない。一例を示したい。

子どものスペースおよびYA（ヤングアダルトあるいはテ

ィーンズ）の配置は特に難しい。子どもから大人への移行のしやすさを重視すれば，連続性のある配置が望ましい。最近の「ちしき」の本には大人にもわかりやすい入門書といえるものが多く，一般の大人がそれを発見しやすくさせる点でも，お互いに入りやすい環境を提供したいものだが，その一方，子どもたちの安全の問題，および子どもの声がうるさいとすぐにキレる大人は残念ながら増えていることからも，大人と子どもの領域は付かず離れずの関係にせざるを得ない。

　それでは，誰が子どもの声にクレームをつけるのであろうか。まず最初に思い浮かぶのは新聞コーナーで時間を過ごす大人たちである。特に，開館前でも新聞を読めるようにと考えた場合には，エントランス近辺に新聞コーナーがくる。私の観察するところ，どの図書館でも新聞を読んでいるのは8割以上が年配の男性である。一方，児童開架も玄関入ってすぐの所にあることが多く，ゆっくりと新聞を楽しみたい年配男性の傍らを，子どもたちが頻繁に行き来する。クレームが出て当然といえる状況のなかで，注意を受けたお母さんまで萎縮し，怖いオジサンのいる図書館には行きづらいとなれば，お互いに不幸である。（その主因が建築にあるのだとしたら，改善できる。）

　そうした分析から，新潟市立中央図書館では，新聞コーナーを少し奥まった，快適なデスクや椅子のあるゆったりした環境にして，子どもの主動線から離している。一般に「新聞雑誌コーナー」を一体に捉えがちであるが，子連れの親が「雑誌」を求めることはあっても「新聞」を利用するケースは稀といえる。隣接させる利点は，席の共有以外にさほどないのではないか。――開館後の平日の昼前，新聞コーナーが

ほぼ満席の一方，エントランス付近にて談笑する子育て中のお母さん方の笑顔を見て，所により，さりげなく領域を分ける必要性を再認識した。

次に，YAを児童開架に隣接させる当初案は変更となった。2階にある学習室の隣り，一般書や視聴覚との連続性も優先された結果である。約200席の学習室は，YA側から，1)グループで小声の話ができる席，2)パソコン持込できる席，3)最も静けさを求める静粛室，の3つのゾーンに仕切られ，使い分けできる。

④調べる環境整備について

市民が快適に図書館を使いこなすポイントは，なんといっても図書館員の専門性の活用にある。この図書館のキャッチフレーズ「あなたの？に応えます。」を促進するため，1，2階および「こどもとしょかん」に計5台の勾玉形レファレンスデスクを設置した。この新開発のデスクでは図書館員と利用者はお互い斜めに向きあう90°の位置関係で座る。180°対面型よりずっとリラックスして会話でき，気軽に声を掛けやすい雰囲気づくりを期待した。

6.4 事例－2「日進市立図書館」

名古屋市に隣接する東西9km・南北7kmのコンパクトな都市における開架18万点，閉架30万点の図書館である。会議室や工作室，視聴覚ホールなどのワークショップゾーンを組み込み，自発的な活動を促進する新しい学びの環境を目指している。

①都市にあって──図書館の骨格ができるまで

　市の中央を東西に流れる天白川の流域には農耕地が残る。市役所や文化会館など主要な公共施設も市の中心域に点在し，急増する市民は取り巻くように外周域に多く居住する。

　この農耕地や緑地は，貴重なオープンスペースとして乱開発を抑え，公共性の高い，つまり市民の意識をつなぐ中心域としての充実を図るべきである。そのマスタープランをもとに，天白川に沿う新図書館もまた，四方から集まってくる市民を迎え入れるためのインパクトのある佇まいが望まれた。四隅の「太陽」「宵の明星」「月」「明けの明星」の4つの塔は中心域のシンボルであり，そのもとに市民がともに学びあえる場を提供している。

②基本計画の狙いを活かすためのハイブリッドな全体構成

　「開架＝管理ゾーン」入口の貸出確認ゲートは，今の時代では標準装備となっている。入口を絞った管理区域形成（巾着袋方式）はやむを得ない。ただし，エントランスを挟んで左と右に「開架ゾーン」と「ワークショップゾーン」を分けてしまうと，一見明快な構成であるが，来館者の多くは開架のみ利用して帰ってしまい，催しや発表・展示などを通した市民同士の学びあうきっかけを促しにくい。

　そこで，庭を巡るループ状の平面として，開架ゾーンとワークショップゾーンとを相互に行き来できるルートを複数用意した。通常はエントランス側の1か所以外の扉は施錠しておくが，その開閉管理により，自発的な運用は可能となる。例えばp.108の［図］の扉Cを閉ざし他を開けることにより，1クラス単位の児童が，ワークショップ（工作室）と開架ゾ

日進市立図書館

愛知県日進市蟹甲町中島3
敷地面積：11,554.65㎡
延べ面積： 6,101.83㎡
構　　造：ＲＣ造
階　　数：地上2階
蔵書収容力：
開架18万点/閉架30万点
座席：開架約420席
　（学習室約120席を含む）

北東方面より天白川越しの外観：手前は「月」の塔

一般開架に入ってすぐ外の景色（特に空や白い壁）が直接目に飛び込んでくると、輝度対比で室内が暗く見えてしまう。周辺に目にやさしい緑地があればそれを活用できるが、ここではトップライトから降り注ぐ天空光や、サイドから壁や柱に回り込む間接光により、空間に豊かさを感じさせつつ、目になじみやすい室内環境を心掛けた。
一方、天井の高い「四隅の塔」においては、時々刻々と移りゆく気象、太陽の強弱、色の変化を受け止める空間が、一日の流れを実感させ、訪れる市民に共有の、新しい「日進」のシンボルであることを語りかけてくる。

写真上・下右：一般開架
写真下左：「月」の塔の内部、学習室1

6章　図書館建築の設計事例………107

①開架ゾーン(管理ゲート内)

②ワークショップ諸室(パブリック)

③フリースペース(パブリック)

④ふれあいの庭(パブリック)

運用により、管理ゲート内に
組込可能なパブリックゾーン

範囲変更のための扉(a,b,c,d)

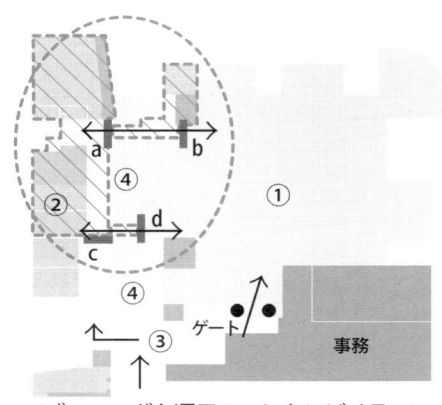

<ゾーニングと運用のフレキシビリティ>

「フリースペース」も含め、開架ゾーン、ワークショップ機能が、「ふれあいの庭」を巡る"ループ構成"。数ヶ所ある扉の開閉の組み合わせ方で、管理を保ちつつ各ゾーンを相互利用する自発的な使い方が可能となる。将来、ICなどの技術革新により、管理区域形成が今より緩やかにできる場合も想定したフレキシブルプラン。
「ふれあいの庭」は天気のよい日には、大きく開け放つこともでき、一段と融通無碍な関係にできる。この"ループ構成"は開架スペース内部でも基本構造となっており、じどう開架と一般開架の関係、いくつかの書架群、1階と2階など、複数のルートを巡ることができ、市民の使い方の自由度を高める。
写真上：ふれあいの庭2から1を見通す。下：じどう開架よりふれあいの庭2をみる。開口部を開放にした状態。

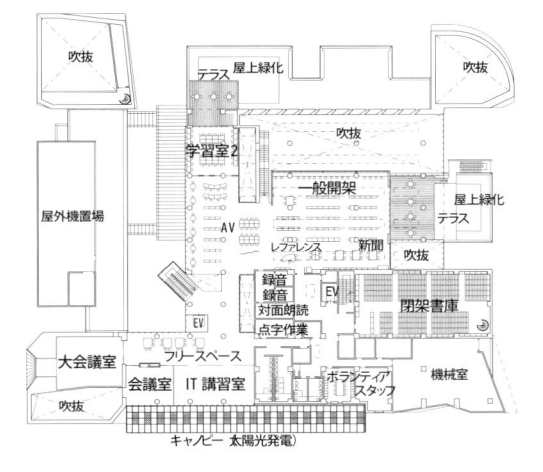

基本モジュール
5.4m×10.8m

2階平面図
縮尺 1：1000

日進市立図書館
1階平面図
縮尺 1：1000

6章　図書館建築の設計事例………109

ーンを行き来でき，借りた本を参考に工作室でワークショップするなど可能になる。また，ふれあいの庭はどちらのゾーンからも大きく開放できるので，「開架ゾーンより屋外に出て読み聞かせ」も「会議室やフリースペースの延長としての企画」も，自由に使い分けできる。

　いずれはIC技術などの発達により，入口を絞った管理区域形成をしなくても運用可能になる時代も視野においてのフレキシブルなプランであるが，一方，これからの図書館の自由度を阻害する要因として指摘されているのは，防犯の問題つまり「安全性」である。その対策としては，見通しの良さとともに行き止まり空間をなくす＝ループ構成の徹底を図っている。それは「月の塔（学習室）」のデスクレイアウトにまで及び，「日が巡る」というイメージ・コンセプトとつながっている。

③開架スペースの家具配置について

　現代の公共図書館の本領とは，自発的に学べる環境にあり，それをサポートする図書館員の専門性を享受できることにあろう。目的に応じて探せる，案内できる，蔵書構成の変化に応じて配架（順序だてて並べること）を変えていける，図書館員のアイデアでテーマ別配架もできることなどが，書架群の創り方の基本である。それと，どの分野の書棚からもデジタル情報をハイブリッドに利用しやすい環境，つまり現時点ではパソコンの混在のさせ方が，開架スペース設計のポイントとなる。そして，書架群とパソコン群を把握できる要の位置に，レファレンスデスク（勾玉型）を置いて，図書館員に声を掛けやすい環境づくりをめざした。

このような図書館本来の機能進化が利用密度を高めた結果，集まってくる市民同士の刺激しあい学びあう関係をどう促進し，各人の学習の幅を広げていくか，——この図書館のさらなる本領発揮は，学びあうワークショップゾーンとの関係性が鍵となっている。

6.5 事例－3「あきる野市東部図書館エル」

　都心から西へ 40 〜 50km 圏，奥多摩の山々に連なる自然豊かなあきる野市。計画人口 90,000 人のうち，22,000 人をサービス対象人口とする開架 7.5 万点，閉架 1.5 万点のコンパクトな地区館である。（写真，図面は p.113-114）

①都市にあって——図書館の骨格ができるまで
　延べ面積 1,375m^2 は，敷地面積 1,721m^2 に建設可能な容積率 80 ％の上限である。2 階建てとして駐車場 19 台をようやく確保した。北側の住宅への日影を最小限に抑えるために，建築を南側の前田公園に寄せる。それは公園の緑を「借景」として，および直射日光を遮る緑のスクリーンとして活用するためでもあった。
　図書館における「南窓」に共通する課題は，直射日光の制御にある。往々にしてブラインドを降ろしたままになってしまい，折角の景観を思うように享受できない。この課題解決に，うってつけの緑地帯が目の前で手招きしているようにみえた。
　周辺は落ち着いた良質の定住環境で，平成 22 年には 60 歳以上が 35 ％に達すると予想されている。傾斜屋根のある低

あきる野市東部図書館エル
東京都あきる野市
野辺字下田39-27
敷地面積：1,721.14㎡
延べ面積：1,375.22㎡
構　　造：S造
階　　数：地上2階
蔵書収容力：
開架7.5万点/閉架1.5万点
座席：開架101席、他104席

北西側外観：広がりを感じさせる北側駐車場は隣接住宅地へ日影を落とさない緩衝帯でもある

書架の材質は、その図書館が運営上何を重視されるかにより変わる。ここでの選定理由は、①スチール製本体：構造上、天板が不要なので棚間隔・段数の可変性が高い　②木製棚板：本が乗る、手が触れる部分にこそ優しい木を。傷も目立ちにくい　③スチール製ブックエンド・展示台：棚板に取付用スリットを切り、そこに端部の折り返し部を掛ける共通システム。先端が揃い整ってみえる、地震時に落ちにくいなどの目的。

写真上：1階一般開架室サービスデスク前
下左十右：一般開架室窓側を内外からみる。庇と木々が緑陰をつくりブラインドを下ろす必要がない。庇上面に反射した光が欄間で拡散され、天井を柔らかく照らす。

2階平面図　縮尺 1：500

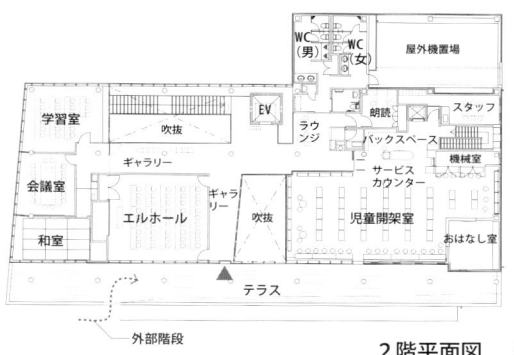

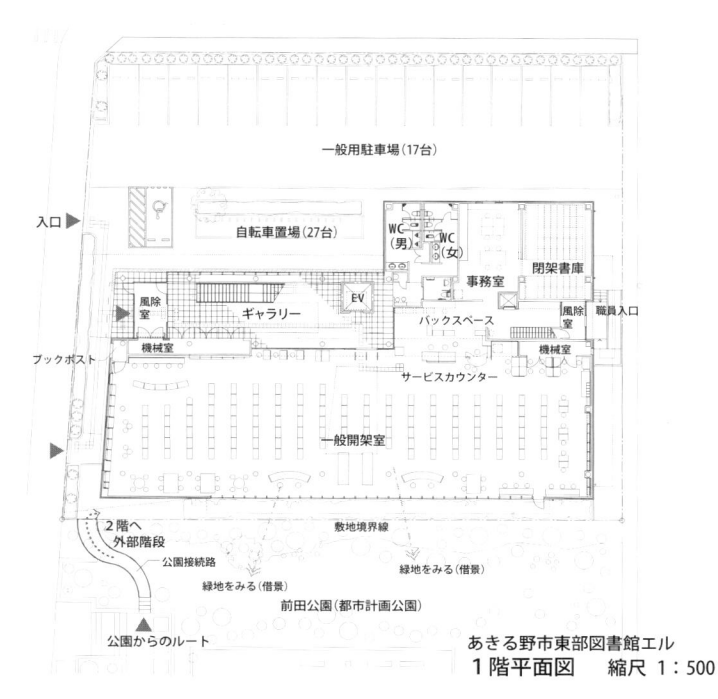

基本
モジュール
5.4m×10.8m

あきる野市東部図書館エル
1階平面図　縮尺 1：500

6章　図書館建築の設計事例……113

層住宅が多く，四角いビル（かたまり）では調和が取れない。そこで，おおらかで柔らかなシルエットの大屋根を掛けることにした。

②どの部門を2階に上げるかの検討

　複数案の中から，1階：一般開架＋事務室＋閉架書庫／2階：児童開架＋学習ホール・会議室等＋テラスの組み合わせが選択された理由は，以下による。

ア．一般開架を1フロアに収めたい。今回は1階が妥当。2階にすると2階面積の方が大きくなり，1階にピロティが生じる（それを駐車場にする手はあるが今回は利点が少なかった）。

イ．年齢層の高い大人の利用が多いと予想されるなかで，一般開架1階は，アクセスの容易性，公園の緑（森のなかの落ち着いた雰囲気）を提供できるなど，大人向けの利点が大きい。

ウ．児童開架と学習ホール，和室等が同じフロアにあると，学校との連携やグループ学習，ワークショップなど，子どもをめぐる利用法が多様になる。2階にまとめる。

エ．2階の方が必要面積が小さくなるので中央部に吹抜けができ，上下の各ゾーンがガラススクリーン越しに視覚的につながる。案内性，開放性の良さは積極的な利用を促す。

オ．地区館として限られた職員数での運用となるため，事務室は1階が望ましい。搬入口および閉架書庫（収納機能と連続）と隣接，および一般開架のサービスデスク背後が最も効率がよい。などが挙げられる。

　このような階をまたぐ部門構成は，ケース・バイ・ケー

スでふさわしい組み合わせ方を追求していく必要がある。ちなみに2年後に施主・設計者ともに同じ体制で創り上げた「あきる野市中央図書館」は，一般開架が2階，児童開架はフリースペース，事務室，連絡車庫などとともに1階にある。

　なお，これら3図書館については以下の記事・図書に紹介している。

ほんぽーと 新潟市立中央図書館
　1.『近代建築』第62巻第4号「特集／図書館の計画と設計2008」p.88-93, 2008. 4
　2.『現代日本の建築家4　優秀建築選2008』（日本建築家協会），2009. 6

日進市立図書館
　1.『近代建築』第63巻第4号「特集／図書館の計画と設計2009」p.54-58, 2009. 4
　2.『新建築』第84巻第3号　p.162-169, 2009. 3

あきる野市東部図書館エル
　1.『近代建築』第62巻第4号「特集／図書館の計画と設計2008」p.115-117, 2008. 4
　2.『LISN』（キハラ広報誌）NO.127　p.16-21, 2006. 3
　3.『現代日本の建築家2　優秀建築選2006』（日本建築家協会刊）　p.298-299, 2007. 6
　4.『図書館雑誌』第103巻第8号（第25回日本図書館

協会建築賞),2009.8.

主要参考文献

田村俊作、小川俊彦編『公共図書館の論点整理』　勁草書房（図書館の現場 7），2008.

日本図書館協会編『図書館ハンドブック　第 6 版』　日本図書館協会，2005.

日本建築学会編『建築設計資料集成　[教育・図書]』　丸善，2003.

日本建築学会編『建築設計資料集成　[総合編]』　丸善，2001.

日本建築学会編『コンパクト建築設計資料集成』　第 3 版　丸善，2005.

日本図書館協会施設委員会図書館建築図集編集委員会編『日本図書館協会建築賞作品集　図書館空間の創造　1985-2006』日本図書館協会，2007.

図書館建築に関係する法律

建築基準法［昭和 25 年法律第 201 号］
http://law.e-gov.go.jp/htmldata/S25/S25HO201.html

建築基準法施行令［昭和 25 年政令第 338 号］
http://law.e-gov.go.jp/htmldata/S25/S25SE338.html

建築物における衛生的環境の確保に関する法律（ビル衛生管理法）［昭和 45 年 4 月 14 日法律第 20 号］
http://law.e-gov.go.jp/htmldata/S45/S45HO020.html

建築物の耐震改修の促進に関する法律［平成 7 年 10 月 27 日法律第 123 号］
http://law.e-gov.go.jp/htmldata/H07/H07HO123.html

高齢者、障害者等の移動等の円滑化の促進に関する法律（バリアフリー新法）［平成 18 年法律第 91 号］
http://www.mlit.go.jp/barrierfree/transport-bf/shinpou/jyoubun.html

高齢者、身体障害者等が円滑に利用できる特定建築物の建築の促進に関する法律（ハートビル法）［平成 6 年法律第 44 号］
http://www.jaeic.or.jp/hyk/houritu.htm

都市計画法［昭和 43 年法律第 100 号］

http://law.e-gov.go.jp/htmldata/S43/S43HO100.html

民間資金等の活用による公共施設等の整備等の促進に関する法律（PFI法）［平成11年法律第117号］
http://www8.cao.go.jp/pfi/houritsu.html

事項索引

* 本文中の事項を数字・アルファベット順,五十音順に分けて配列しました。
* 参照は「→」(を見よ)で表示しました。

■五十音順

【あ行】
頭つなぎ ……………61-62,70,91
アンカーボルト ………………61
安全　情報の………………86-87
　　　図書館の………………34,90
　　　人の………………………86
意匠 ……………………………14
一級建築士 ……………………14
一般成人部門 …………………44
インターネットサービス ……50
上置き台 ………………………65
閲覧机 …………………9,52,63
エネルギー負荷 ………………82
絵本架 …………………………65
絵本箱 ………………………65,66
屋上緑化 ………………………82
オストメイト …………………86

【か行】
開架閲覧室 ………40,43,44,49,73
開架書架 ………………………51
階構成計画 ……………………42
カウンター ………64,65,75,88,89
火災 ……………………62,74,86,92,94
火災発生リスク ………………92
環境設備計画 …………………42
間接照明 ………………………69
館長室 …………………………54
館内環境 ………………………59
館内滞在型 ……………………20
気候温暖化に関わる建築学会
　声明 …………………………39
既存施設 ……………………38,39,58
既存他用途施設 ………………39
基本設計 …………………13,15
業務部門 ……………………40,53
携帯電話への対応 ……………73
建築家 ………………14,96,115
建築基準法 ……42,73,77,86,88,92,118
建築計画 ……………8,9,14,34
建築士 ………………………14,15
建築設計 …………6,13-16,74,117
広域参考図書館 ………………40
公開書庫 ………………………51

高書架 …………………………45
構成要素 ………………41,42,59
交通バリアフリー法 ……………95
交通バリアフリー法…………84,95
国際設計競技 …………………15
構造計画 ………………… 42,90
コンペ …………………………15

【さ行】

サービス網計画 ………………3,8
採光 ……………………………69
サイン計画 …………………74-75,86
サインシステム …………………76
雑誌架 ………………………62,66
自習室 ………………………51-53
地震 ……………38,61,86,90,92-95
自然災害 ……………73,79,81,86,90
自走式クレーン …………………68
視聴覚資料コーナー ……………49
シックハウス ……………………88
実施設計 ………………………13
実施設計 ………………………15
自動貸出機 …………………66-67
自動書庫 ……………68,89,102,103
自動認識技術 …………………66
自動返却機 …………………66-67
事務室 ……53-54,71-72,103,114-115
集会部門 ………………………52
集密書架 ………………………62
集密書庫 ………………………102
受注生産品 ……………………59

省エネ法 ………………………81
情報コンセント ……………………63
情報の安全 …………………86-87
照明…………17,69,74-75,80-83,103
　　　間接 ……………………69-70
　　　直接 ……………………69
書架　頭つなぎ …………………61
　　　開架 ………………………51
　　　(高)書架 …………………45
　　　集密 ………………………62
　　　スチール製 ……………60-2
　　　積層式 ……………………62
　　　(低)書架 ………………45,61
　　　複式 ………………………60
　　　閉架 ………………………51
　　　木製 ……………………60-62
書架間隔 ……………45-46,51,61,70
書架付け照明方式 ………………70
書架の転倒防止 …………………61
書架レイアウト ………………45,61
書庫…20,40,51,54,62,68-69,71,74,89,
　　　92,98,102-103
　　　公開 ………………………51
　　　自動 ……………68,89,102-103
　　　集蜜 ………………………102
　　　閉架 ………………………40
情報の安全 …………………86-87
資料検索専用パソコン …………51
資料の安全 …………………86-87
身体障害者 ……………36,95,118
水害 …………………………90,92-94

推奨照度	70
スタッフラウンジ	55
スチール製書架	60-2
スパイン	98-99,100-101,103
スプリンクラー設備	74
スペースの融通性	37
生活域冷暖房	71
青少年コーナー	48
積層式書架	62
設計過程	13
設計競技	15-16
設計入札	16
セットバック	102
背骨空間 →スパイン	
増改築	8,38-39
総合サービスカウンター	54-56
ゾーニング	42,86,97
ソーラー・システム	82

【た行】

滞在者数の時刻変動	21
対面朗読室	48,86
太陽光発電	83
単式書架	60-61
単柱式	60
地域中心館	40
チェックゾーン	43-44
着座行為率	22
長寿命化	38,79-80
長寿命型の建築	37,79
直接照明	70

低書架	45,61
動線計画	42-43
同伴形態	23,25-26
読書室	51-52
特定建築物	88,91,95,118
特命	15
図書館家具	59
図書館基本計画書 →図書館計画書	
図書館計画書	1,3,5-7,9,12-13, 15-16,96
図書館づくりの段階	2
図書館に対するイメージ	28
図書館の安全	34,90
図書館の地域計画	3-7,18,33
図書館配置計画	3,8

【な行】

日常災害	73,87
日射コントロール	82
ノーチェックゾーン	43,52

【は行】

ハートビル法	84,95,118
ハイブリッド	33,106,110
バリアフリー	37
バリアフリー新法	37,84-85,95,118
阪神淡路大震災	90,92,95
人の安全	86
ビル衛生管理法	88,118
部局図書館	5

複式書架……………………60
複柱式………………………60
ブック・ディテクション・
　システム…………………35
ブックポスト ……………44,57,87
部門構成……………………8,40,114
ブラウジング ………………63,102
フレキシビリティ …………38,79
プロポーザル………………16,96
閉架書庫……………………40,51,97
平均滞在時間………………20,25
防火区画……………………73-74,92
防火シャッター ……………………94
防災計画……………………42,73,94
本の森………………………51
勾玉形レファレンスデスク ……105

【ま行】

マスキング効果……………………72
まちづくり条例……………………85
無線LAN……………………50
免震構造……………………91
木製書架……………………60-62
問題行動……………………87

【や行】

ヤングアダルト …………44,48,103

床固定………………………61-62
ユニバーサルデザイン ……84-86,95

【ら行】

ライフサイクルコスト ……78-79,84
ライフサイクルマネジメント…
　　　　　　　　　　　78-79,83
ライフステージ ……………………30
利用圏域……………………22,24,33
利用者属性……………………22
利用動向……………………19
利用頻度……………………4,25,51
利用目的……………………25,46
レファレンスデスク…48,53,64,103,
　　　　　　　　　　　105,110

■数字・アルファベット順

BDS…………………………35,56
BDS　→ブック・ディテクション・
　システム
ICチップ……………………66-68,89
LCC…………………………78
LCM…………………………78,83
OAフロア……………………81
RFIDタグ……………………67-68

●著者紹介

植松貞夫（うえまつさだお）　　　　　【執筆分担】3章，4章
現在：筑波大学附属図書館長・教授，日本図書館協会施設委員会
　委員長
主著：『改訂図書館概論』（共著）樹村房，2005.『建築設計資料
　集成（教育・図書）』（共著）丸善，2003.『建築から図書館を
　見る』，勉誠出版，1999.
論文：「広域利用可能地域における図書館利用登録者の類型別利
　用館選択行動：石狩市民図書館登録者調査をもとに」『日本図
　書館情報学会誌』（共著）Vol.54, No.1, p.16-38, 2008. 3.

冨江伸治（とみえ　しんじ）　　　　　　【執筆分担】1章
現在：筑波大学名誉教授，日本図書館協会施設委員会委員
主著：『建築学体系30 図書館・博物館の設計』（共著）彰国社，
　1983.『図書館ハンドブック　第6版』日本図書館協会，2005.
『図書館協会建築賞作品集　図書館空間の創造　1985－2006』
日本図書館協会，2007.
論文：「公共図書館における家族同伴の利用形態から見た児童部
　門の計画に関する研究」（共著）『日本建築学会計画系論文報告
　集』2002年12月，第562号，p143-150,「図書館建築そのデザ
　インの変遷」『図書館雑誌』vol.102, no.6, p373-375, 2008. 6.

柳瀬寛夫（やなせひろお）　　　　　　　【執筆分担】6章
現在：㈱岡田新一設計事務所執行役員取締役副社長，日本図書館
　協会施設委員会委員
設計担当例：愛知県日進市立図書館，新潟市立中央図書館，東京

都あきる野市中央＋東部図書館エル，静岡県吉田町立図書館＋理科館，大潟村干拓博物館，初台リハビリテーション病院など

川島　宏（かわしま　ひろし）　　　　　　　　【執筆分担】5章
現在：株式会社栗原研究室　設計室長（一級建築士），日本図書館協会施設委員会委員
設計担当例：聖徳大学教室・図書館棟Ⅰ期工事　設計監理
著書：『オランダ・ベルギーの図書館　独自の全国ネットワーク・システムを訪ねて』（共著），教育資料出版会，2004.
論文：大学図書館の利用状況7編（共同研究）

中井孝幸（なかいたかゆき）　　　　　　　　　【執筆分担】2章
現在：愛知工業大学工学部建築学科准教授，日本図書館協会施設委員会委員，専門は，図書館や福祉施設の建築計画。
著書(共著)：『図書館による町村ルネサンス－Lプラン21』　日本図書館協会，2001.『生涯学習の新しいステージを拓く－ITで広がる学びの世界』　ぎょうせい，2001.
論文：「地方中小都市における図書館利用とモータリゼーション－利用圏域の二重構造に基づく図書館の地域計画」『現代の図書館』Vol.39 No.2，2001.6.「地域蔵書割合と利用者属性からみた図書館圏域構造－疎住地の地域施設の設置計画に関する研究・3」『日本建築学会計画系論文報告集』第526号，2000.

視覚障害者その他活字のままではこの本を利用できない人のために、日本図書館協会及び著者に届け出る事を条件に音声訳(録音図書)及び拡大写本、電子図書(パソコンなど利用して読む図書)の製作を認めます。但し、営利を目的とする場合は除きます。

EYE LOVE EYE

◆JLA 図書館実践シリーズ　13
よい図書館施設をつくる

2010 年 3 月 1 日　　初版第 1 刷発行
2017 年 3 月 30 日　　初版第 6 刷発行 ©

定価:本体 1800 円(税別)

著　者:植松貞夫,冨江伸治,柳瀬寛夫,川島宏,中井孝幸
発行者:公益社団法人　日本図書館協会
　　　　〒104-0033　東京都中央区新川1-11-14
　　　　Tel 03-3523-0811(代)　Fax 03-3523-0841
デザイン:笠井亞子
印刷所:船舶印刷㈱　Printed in Japan
JLA201627　　ISBN978-4-8204-0914-4
本文の用紙は中性紙を使用しています。

JLA 図書館実践シリーズ　刊行にあたって

　日本図書館協会出版委員会が「図書館員選書」を企画して20年あまりが経過した。図書館学研究の入門と図書館現場での実践の手引きとして，図書館関係者の座右の書を目指して刊行されてきた。

　しかし，新世紀を迎え数年を経た現在，本格的な情報化社会の到来をはじめとして，大きく社会が変化するとともに，図書館に求められるサービスも新たな展開を必要としている。市民の求める新たな要求に対応していくために，従来の枠に納まらない新たな理論構築と，先進的な図書館の実践成果を踏まえた，利用者と図書館員のための出版物が待たれている。

　そこで，新シリーズとして，「JLA図書館実践シリーズ」をスタートさせることとなった。図書館の発展と変化する時代に即応しつつ，図書館をより一層市民のものとしていくためのシリーズ企画であり，図書館にかかわり意欲的に研究，実践を積み重ねている人々の力が出版事業に生かされることを望みたい。

　また，新世紀の図書館学への導入の書として，一般利用者の図書館利用に資する書として，図書館員の仕事の創意や疑問に答えうる書として，図書館にかかわる内外の人々に支持されていくことを切望するものである。

　　　　　　　　　　　　　　　　　　　　　　2004 年 7 月 20 日
　　　　　　　　　　　　　　　　　　　　　　日本図書館協会出版委員会
　　　　　　　　　　　　　　　　　　　　　　　　委員長　松島　茂

図書館員と図書館を知りたい人たちのための新シリーズ！

JLA 図書館実践シリーズ 既刊20冊, 好評発売中

（価格は本体価格）

1. **実践型レファレンスサービス入門　補訂版**
   斎藤文男・藤村せつ子著／203p／1800円

2. **多文化サービス入門**
   日本図書館協会多文化サービス研究委員会編／198p／1800円

3. **図書館のための個人情報保護ガイドブック**
   藤倉恵一著／149p／1600円

4. **公共図書館サービス・運動の歴史 1**　そのルーツから戦後にかけて
   小川徹ほか著／266p／2100円

5. **公共図書館サービス・運動の歴史 2**　戦後の出発から現代まで
   小川徹ほか著／275p／2000円

6. **公共図書館員のための消費者健康情報提供ガイド**
   ケニヨン・カシーニ著／野添篤毅監訳／262p／2000円

7. **インターネットで文献探索　2016年版**
   伊藤民雄著／204p／1800円

8. **図書館を育てた人々　イギリス篇**
   藤野幸雄・藤野寛之著／304p／2000円

9. **公共図書館の自己評価入門**
   神奈川県図書館協会図書館評価特別委員会編／152p／1600円

10. **図書館長の仕事**　「本のある広場」をつくった図書館長の実践記
    ちばおさむ著／172p／1900円

11. **手づくり紙芝居講座**
    ときわひろみ著／194p／1900円

12. **図書館と法**　図書館の諸問題への法的アプローチ
    鑓水三千男著／308p／2000円

13. **よい図書館施設をつくる**
    植松貞夫ほか著／125p／1800円

14. **情報リテラシー教育の実践**　すべての図書館で利用教育を
    日本図書館協会図書館利用教育委員会編／180p／1800円

15. **図書館の歩む道**　ランガナタン博士の五法則に学ぶ
    竹内悊解説／295p／2100円

16. **図書分類からながめる本の世界**
    近江哲史著／201p／1800円

17. **闘病記文庫入門**　医療情報資源としての闘病記の提供方法
    石井保志著／212p／1800円

18. **児童図書館サービス 1**　運営・サービス論
    日本図書館協会児童青少年委員会児童図書館サービス編集委員会編／310p／1900円

19. **児童図書館サービス 2**　児童資料・資料組織論
    日本図書館協会児童青少年委員会児童図書館サービス編集委員会編／322p／1900円

20. **「図書館学の五法則」をめぐる188の視点**　『図書館の歩む道』読書会から
    竹内悊編／160p／1700円

公益社団法人 日本図書館協会 入会のお誘い

　日本図書館協会をご存知ですか？　明治25年その前身である「日本文庫協会」の設立から約120年の間，日本の図書館事業の発展を願う会員によって，支えられてきた，わが国の図書館界を代表する総合的な全国組織として知られています。2014年1月には公益社団法人の認定を受けました。
　その歴史を振り返ると，わが国のさまざまな図書館界の動きと表裏一体をなしながら，広く社会文化・学術研究の基礎となる図書館の振興運動に努めてきました。
　全国の図書館員が毎年集う「全国図書館大会」は平成28年で102回，機関誌『図書館雑誌』は通巻1000号を超えるまでになりました。
　国際的には諸外国の図書館との交流を重ねると共に，国際的な専門職能団体であるIFLA（国際図書館連盟）とは創設以来わが国を代表する機関として，深いつながりをもち，1986年には，その世界大会を東京で開催いたしました。
　いま日本図書館協会は，今後の図書館運動を支え，ともに考え，行動し，これからの日本の図書館界に清新な活力を注いで下さるみなさまの参加を求めています。日本図書館協会への入会を心からお願いします。

＊

会費等の詳細は日本図書館協会のホームページをご覧下さい。
入会案内をお送りします。日本図書館協会事務局へお申しつけ下さい。
http://www.jla.or.jp